# 网红经济

## 自媒体时代，人人可以打造超级IP

隽 馨◎著

## WANGHONG ECONOMY

ZHEJIANG UNIVERSITY PRESS
浙江大学出版社

## 图书在版编目(CIP)数据

网红经济：自媒体时代，人人可以打造超级 IP / 隽馨著. —杭州：浙江大学出版社，2017.7
ISBN 978-7-308-16998-1

Ⅰ.①网… Ⅱ.①隽… Ⅲ.①网络营销—研究 Ⅳ.①F713.365.2

中国版本图书馆 CIP 数据核字（2017）第 122253 号

## 网红经济：自媒体时代，人人可以打造超级 IP

隽 馨 著

| | |
|---|---|
| 责任编辑 | 徐 婵 |
| 文字编辑 | 张 婷 |
| 责任校对 | 杨利军　高士吟 |
| 封面设计 | 国风设计 |
| 出版发行 | 浙江大学出版社 |
| | （杭州市天目山路 148 号　邮政编码 310007） |
| | （网址：http://www.zjupress.com） |
| 排　　版 | 杭州林智广告有限公司 |
| 印　　刷 | 杭州杭新印务有限公司 |
| 开　　本 | 710mm×960mm　1/16 |
| 印　　张 | 14 |
| 字　　数 | 180 千 |
| 版 印 次 | 2017 年 7 月第 1 版　2017 年 7 月第 1 次印刷 |
| 书　　号 | ISBN 978-7-308-16998-1 |
| 定　　价 | 35.00 元 |

浙江大学出版社发行中心邮购电话：(0571) 88925591；http://zjdxcbs.tmall.com

# 序言
## Preface

　　网红从一种个人现象，发展成为一种经济模式，有着时代发展的必然性。

　　首先互联网技术的不断迭代，改变了人们接收信息、产生信息的方式，消费场景也从传统的店面转移到了人们的手机上。换句话说，人们的生活习惯、消费习惯开始变得更为灵活和碎片化。

　　我们不再需要像从前那样，通过固定的时段、固定的渠道来获取信息。只要拥有一部联网的智能手机，我们就可以随时随地浏览我们感兴趣的内容。以传统的电视、广播、门户网站为主要渠道的传播方式，正在逐渐被以碎片化时间为主的信息传播与消费模式所取代。

　　碎片化的消费模式，意味着每个人的选择都会多种多样。在这个个性化的时代，基于中心化传播所建立起来的传统信息推广渠道，将会面临巨大的挑战。而那些接地气、用心服务于细分市场的网红们，则会在这个崭新的时代顺势而起。

其实，纵观整个世界的经济发展史，我们就会发现，网红经济并不是第一次以个体经济的形象出现。翻开欧美一些知名企业的发展史，我们就会发现，它们常常是被冠以个人或者家族姓名的企业。这实际上就很能说明一个问题，一个人是否具有强大的人格魅力，往往能够影响着客户的最终选择。

将这一点延伸到网红经济的发展上，如果一个网红具有较高的知名度或者人格魅力，一定程度上也就拥有了强大的变现能力。

互联网技术的大发展催生了很多的经济模式，粉丝经济、共享经济、数据经济，现在，一种全新的网红经济模式席卷而来。2015 年被业内人士认为是网红经济在移动互联网时代的一次试水，2016 年则堪称是"网红元年"。更多的网红在这个开放、创新的时代闪亮登场，更多的企业摸索出全新的经营模式，一场围绕着人格魅力以及品牌拟人化虚拟形象所进行的商业革命正在拉开帷幕。

网红经济发展如火如荼，网红主播、网红店主、意见领袖、论坛大V 都找到了自己新的发展思路。在这个流量就是金钱的信息化时代，活跃在各大平台的网红们都在积极延伸自己的 IP 价值，研究更加多样的变现方式。

与普通个人相比，那些拥有 IP 的网红显然就具有更加独特的辨识度，也具备更大的变现价值。这些拥有强大 IP 生产力的网红，能够持续地输出优质的内容，不断地延长自身 IP 的生命周期。

从网红的发展历程来看，网红大致分为两派，一派是"博眼球派"，一派则是"综合内涵派"。

在没有微博和微信的时代，一些思想灵活之人通过博取人们的眼球，曾获得巨大的关注。比如，网红鼻祖"毒药"，才貌双全，又具备神秘的背景，最早是在自己的博客上记录自己的生活方式，因为其对时尚的理解要遥遥领先于同年代的人，故而受到了大量粉丝的关注，其MSN 空间的流量甚至超过了 600 百万。

随后出现的"博眼球派"代表人物，当属凤姐。她虽然其貌不扬，却语不惊人死不休，在很多公开的场合谈及自己的征婚标准，并称"非高富帅不嫁"。剧烈的反差让网友们觉得她非常可笑，而她却是毫不在意，依然故我。借着这样的炒作，凤姐赢得了大量的关注，获得了不少的广告代言。

而综合内涵派的主要代表，一般都拥有自己的专项技能，是某个领域的专家。比如游戏解说、服装搭配、搞笑段子等领域，都是综合内涵派网红滋生的沃土。

相比于博眼球派，综合内涵派所输出的内容一般较为优质，故而其吸引的粉丝也往往具有较大的黏性。这一类网红同时也具有较强的辨识性，能够吸引优质的粉丝，形成较强的 IP 效应。

网红的表现形式也是多种多样的，从早期的以文字为依托，到后来的图文形式，再到后来的短视频。与信息技术同步的，是网红表现形式的不断多元化，以及网红输出内容的丰富化。

在这个时代，产生了众多的网红代表人物，比如个性鲜明，又极具有商业价值的 papi 酱。从被罗振宇投资 3000 万元巨资，到一则短视频广告拍出天价，papi酱用鲜活的事实让更多的人明白，网红在这个时代拥有着强大的变现能力以及发展机会。

如果说在多年以前，网红还仅仅只是停留在概念炒作阶段，那么现在，网红已经迎来了全新的价值变现。在这个各种全新的经济模式不断爆发的年代，不少知名的网红经纪公司通过扶持网红、与网红合作等方式已经获得了实实在在的收益。

相比于单打独斗的网红，网红经纪公司拥有较强的谈判能力，也拥有更加多样的资源和渠道。业内人士认为，在未来，能够有效孵化个人IP业务的网红经纪公司，对网红经济的整体产业规模扩大具有非常关键的作用。这对网红经纪公司而言，也是一个千载难逢的发展机会。

隽馨

2017年2月于北京

# 目录
contents

# 第一章
# 网红经济的时代演变

　　网红，即"网络红人"。伴随着互联网技术的发达，信息传递的渠道与速度也变得多样化。网红，这个通过网络渠道进行自我展示的群体，赢得了众多网民的关注。

　　而"网红"则利用自己的知名度，进一步挖掘自身的价值潜力，渐渐形成了网红经济。从最初活跃在BBS上的"网红"到现在活跃在B站的"网红"，"网红"大致经历了四个时代的变迁……

### ▶▶▶ 认识"网红"

　　提起"网红",大家可能并不陌生,从 20 世纪 90 年代的"痞子蔡""宁财神",到 21 世纪初 BBS 捧红的"芙蓉姐姐""凤姐""天仙妹妹",再到图文并茂时代,因一张图片爆红的"犀利哥""奶茶妹妹"……"网红"已经成为我们日常生活中,一种司空见惯的生活常态。

　　那么,究竟什么是"网红"?网红,是网络红人的简称,原意是指那些因某个事件或者是某一系列事件(行为),而在互联网上快速受到大众关注、评论、追捧从而走红的人。当前,主要是指那些通过社交平台聚集起知名度并凝聚了大量粉丝的网络红人。

　　互联网的高度发展,为网红提供了滋生的土壤。从 20 世纪 90 年代末期的 BBS,转战到随后出现的博客、微博与微信,再到最近这几年才兴起的流行短视频、秒拍以及移动直播,网民们拥有了更多的自我展示平台。一些具备某些特质的网民，通过网络传播的平台，满足了大众网民在审美、娱乐、审丑、放松等方面的心理需求，进而获得了其他网民的追捧，成为"网红"。

因为几度爆出惊人之语，被大家炮轰，却依然豪气不减的"凤姐"，就是靠着在网络上不断发表语不惊人死不休的话语，与网友们展开各种"骂战"成就了自己"第一自恋"的威名。靠着网络的知名度，凤姐开始了自己的人生逆袭之路，从一个超市的小收银员，到成功融资，自主创业，人生过得风生水起。

曾经因一张手捧奶茶的照片而爆红网络的"奶茶妹妹"章泽天，在网友们的大力追捧下，一夜成名。短短三年后，奶茶妹妹与京东掌门人刘强东恋情曝光，再一次受到了网友们的持续关注。奶茶妹妹与京东掌门人的恋情曝光，不仅再一次提升了奶茶妹妹的知名度，也让京东在与淘宝的"双十一"大战中获得了更多关注。

从这个意义上说，网红已经不仅仅是简单地让某一个人拥有知名度，更是让知名度为这些"红人"们创造价值。

因为网红背后蕴藏着巨大的商机，从网红诞生以来，一些有识之士就在积极利用一切对自己有利的资源，挖掘网红背后的价值。

说到这里，我们不得不提一个人——石悦。

提起石悦，很多人也许并不知道这是何许人也，但是说起《明朝那些事儿》可能很多人都会如雷贯耳。石悦，笔名"当年明月"，于2006年开始在天涯论坛煮酒论史版块发表了《明朝那些事儿——历史应该写得好看》，就是这个当时受到了无数人追更的帖子，曾经一度在天涯掀起了风波。

因为当年明月蹿红的速度非常快，很快就引起了时任煮酒论史版版主赫连勃勃大王（即著名的新历史写手梅毅）的质疑，称当年明月的帖子行文松散、质量不高、论点陈旧。

梅毅的质疑，一下子惹怒了当年明月的铁杆粉丝"明矾"们，愤怒的"明矾"们在网络上与支持梅毅的"大王派"展开了"激战"。各种帖子针锋相对，一度让天涯社区陷入了瘫痪。

最终，天涯社区官方针对"明月门"事件展开了调查，这场网络混战才渐渐宣告结束。此战之后，煮酒论史版的三位版主卸任，而卷入此次风波的主角当年明月则带着自己近十万字的书稿以及益发高涨的声名转战新浪博客。

而早在当年明月陷入质疑风波疲于应对的时候，一位深具眼光的书商已经悄悄找上了他，这位书商就是成功出版过《草样年华》《诛仙》的磨铁文化创始人沈浩波。

2006年5月，沈浩波来到广州，找到当年明月，与他签下了版权。随后对当年明月进行了包装、炒作，"草根写史第一人""通俗写

史第一人"，联手刚刚诞生不久的新浪博客联手炒作《明朝那些事儿》，将其在新浪博客首页的位置长期置顶，并策划了系列明史专题，让《明朝那些事儿》的点击率再一次火速攀升。

《明朝那些事儿》出版之后，连续畅销300万册，石悦也从一位默默无闻的海关公务员变成了一位身家千万的知名作家。

在当年明月那个时代，因为在论坛发帖或者微博发文章而蹿红，进而成名、出书，名利双收的人绝不在少数。安妮宝贝、宁财神、痞子蔡、树下野狐等耳熟能详的名字，都曾是那一个时代的标志。

而随着网红时代的不断更迭，曾经以论坛发帖为主要内容的网络红人们，有了更多的展示自我的渠道。社交网站、电商平台以及视频网站都成了网红们最为青睐的宣传推广阵地。

同一些大牌的明星不同，网红的姿态更为亲民，也更加重视与粉丝的互动。在积累了大量粉丝资源之后，网红的变现渠道也变得多样化起来。从早期的文学作品授权，到现在的做电商、获取广告宣传费以及走秀等，网红爆发出了惊人的变现能力。比如，在短视频领域颇为走红的网络女主播 papi 酱，其首次的广告拍卖价格高达2200万元。

与此同时，围绕着网红的孵化培训机构也渐渐成型，IP产业化发展的案例也不再是个案。网红的价值正在被不断地产业化，形成了令人惊叹的网红经济。

第一财经商业数据中心曾发布了一组《2016中国电商红人大数据报告》，报告显示，2016年的红人产业预估接近580亿元，远超2015

年中国电影 440 亿的票房金额。毫无疑问，继社交经济、大数据经济与分享经济之后，网红经济正在爆发出蓬勃的潜力。

## ▶▶▶ 从网红 1.0 时代到 4.0 时代

从网红渐渐兴起，到网红逐渐走进人们的视线，活跃在互联网的舞台上，大致经历了四个阶段。在每个阶段网红展现自我的方式都不一样，但是，在每个人时代却都涌现出了典型的代表人物。在这里，我们就根据网红发展的不同时代特征，对网红进行一个简单的介绍。

### 网红 1.0 时代，"榕树下"走出的"安妮宝贝"

网红 1.0 时代主要是指 1997—2002 年。在该阶段，BBS 论坛以及一些文学网站，是网红们的主要活跃阵地。在这个阶段，网红主要依靠着文学作品吸引粉丝，进而成名。其中比较知名的有"安妮宝贝""今何在""慕容雪村"等。

在该阶段，网红经济的变现模式比较单一，基本是走出版渠道，网红变作家的模式。

至于最近几年大热的 IP 产业链模式，则是伴随着网络小说大热，根据网络小说改编的动漫、网游以及影视作品具备了更多的受众，才让IP产业落地成为可能。

所以，在网红 1.0 时代，最常见的变现方式便是文学出版。

在互联网刚刚兴起的年代，我国的信息传播速度还非常慢，当时的家用网络带宽只有几 K 而痞子蔡的《第一次亲密接触》就这样借助网络闯进了千万网络用户的视野。

而《第一次亲密接触》中的经典对白，也受到了众多网友的热烈追捧。

痞子蔡与轻舞飞扬那浪漫唯美的爱情，在收获了无数网友的眼泪的同时，也成就了痞子蔡成为当时中国当之无愧的网红鼻祖，由这一批早期的文学作者开启了网红 1.0 时代。

几乎是在痞子蔡走红的同时，美籍华人朱威廉创办了"榕树下"网站，该网站可谓是当时最早的文学网站。该网站诞生了如今红极一时的著名编剧宁财神、言情小说天后安妮宝贝以及知名作家今何在、慕容雪村等。

在那个飞扬文字、激情四射的时代，网络写手们通过一块小小的键盘，敲击着自己心中的梦想，以文字来安身立命，在各大 BBS 论坛以及文学网站出没发帖，成为当时中国最早的一批网络红人。

安妮宝贝，来自浙江宁波的美女作家。一本《告别薇安》让安妮宝贝在网上迅速蹿红，随后，其发表的长篇小说《莲花》更是让安妮宝贝成为文坛少年成名的畅销书作家。

2014 年 6 月，安妮宝贝还在微博上发声，将自己的笔名改为"庆山"，并署名出版散文集《得未曾有》。

2016 年初，网络红人十年排行榜出炉，安妮宝贝毫无争议地夺得了十年排行榜的第一名，更是在中国作家富豪排行榜上榜上有名。

毫无疑问，在安妮宝贝这个"文字网红"的时代，想要红，必须要有一定的真材实料。在这个时代，不少文学青年通过自己的努力在网络上崭露出了头角，如沧月、唐家三少等。"文字网红"的不断滋生，推动了网络小说的盛行，而网络小说又反过来帮助"文字网红"占据了互联网的半壁江山。安妮宝贝、痞子蔡、韩寒、郭敬明、桐华等如今提起来仍旧是如雷贯耳的文学作家，在当时影响了一代网民。

## 网红 2.0 时代，图文并茂捧红的"天仙妹妹"

网红 2.0 时代，主要是指 2003—2009 年这个时间段。在这期间，国内网民的数量开始急剧上升，广大的网友主要以图文的形式获取最新的网络资讯。此阶段的网红典型代表为芙蓉姐姐、凤姐、奶茶妹妹、天仙妹妹等。这些网络名人爆红的方式往往也是借助博人眼球的图片、文字或者是个性化的言论。

　　天仙妹妹，原名尔玛依娜，2005 年 8 月初，一个 ID 为"浪迹天涯何处家"（本名杨军）的成都网友在 TOM 网站的汽车论坛上发布了一则《单车川藏自驾游之：惊见天仙妹妹》的帖子，帖子讲述了其在四川阿坝州旅游时深入羌寨，偶然天仙妹妹的故事。在征得这个清纯美丽的羌族少女同意后，杨军将天仙妹妹的照片上传到了帖子中。美丽的羌寨风光、清纯的少女，吸引了不少人的眼球，也在论坛掀起了一阵热烈的讨论，天仙妹妹的名字由此传开。

　　此后讨论持续升级，有人欣赏，有人怀疑，在持续的争议中，天仙妹妹的人气迅速攀升。而相关网站上关于天仙妹妹帖子的点击数更是在一天之内超过了 10 万次。不久又有新闻报道，南京网友"快马"痴迷天仙妹妹，为此自掏 30 万元为其出了画册，这更是给天仙妹妹的热度再加了一把火。

　　为了让网友们更加方便地参与讨论，有个别网站还专门为天仙妹妹建立了一个论坛，腾讯公司也专门为她提供了两个新的 QQ 号，以做与网友交流之用。

　　在天仙妹妹爆红的这段时间，各类专门介绍天仙妹妹的网站论坛、专版一度达到 700 多个，百度相关的搜索页也达到了 121 万条。即便是在谷歌搜索页，也达到了 72 万条。同时，长期占据着百度十大风云人物榜第一的位置。在 2005 年 12 月份搜狐网站的年终人物评选中，天仙妹妹以 44％的得票率，力压李宇春、言承旭、刘翔等偶像明星，夺得了搜狐"2005 新生代偶像评选"的冠军。与此同时，四川在线、搜狐、网易、腾讯、TOM 等国内著名的网站对天仙妹妹进行了采访与视频直播，天仙妹妹成为 2005 年名副其实的网络人气王。

2006 年，天仙妹妹参与的作品《香巴拉信使》《尔玛的婚礼》获得金鸡百花奖、华表奖等众多奖项，其后更是受到好莱坞国际电影节、法国巴黎国际电影节等主办方的邀请，完成了从网络红人向职业演员的转型。

2007 年，天仙妹妹在中央戏剧学院表演系进修，随后在众多影视作品出演女一号，活跃在影视圈。

2014 年，天仙妹妹在接受媒体采访时，曾透露目前自己经营着一家小影视公司，已经转型做了影视公司的老板。

天仙妹妹的爆红，有人说是偶然，有人说是有包装公司在幕后助推。但是不论是哪一种说法，天仙妹妹的爆红之路都是值得我们深思和借鉴的。在那个图片承载了太多信息的时代，网络推手与营销公司是网络红人的主要推动力量，网红变现的方式也从网红 1.0 时代的文字出版，演变成了线下的代言以及商演，甚至是转型成为专业的电影艺人。2.0 时代网红的变现渠道多数靠着线下来推动。

随着信息化的不断加速，互联网进入了高速发展的阶段，图文盛行，一些籍籍无名的草根也可以凭借着夺人眼球的图片一夜爆红。其中比较有代表性的就是芙蓉姐姐。她因网络拍客将其的照片上传到水木清华、北大未名 BBS 以及 MOP 网站而受到众人的关注。芙蓉姐姐以其强大的自信、个性的造型，与大众审美完全相悖的造型进而受到了诸多网友的持续关注。芙蓉姐姐的爆红，也宣告了一个图文并茂的崭新的网红 2.0 时代进入了发展的鼎盛阶段。

即便是到了现在，因为一张图片而爆红网络的人也大有人在。如最帅交警陆小军、全球最帅医生 Doctor.Mike 等。

网红 2.0 时代，图片成为信息最大的载体，既满足了人们快餐式汲取信息的阅读需求，又很好地触动了人们的感官。这让图文工具成为这一阶段很多网红惯常使用的自我宣传手段，也成为一些网络推手比较青睐的营销方式。

## 网红 3.0 时代，微博蹿红的毒舌段子手"作业本"

网红 3.0 时代主要是在 2010 年左右，社交平台微博的横空出世，受到了众多网友的喜爱。一批观点犀利、语言有深度的网络段子手开始在微博社交平台上崭露头角。

在这个时代，涌现出了大量有着十足话语权的意见领袖，如"留几手"，在新浪微博上点评别人的长相，以毒舌闻名。在点评别人长相的同时，"留几手"还会给别人打分，当然，"手哥"所打出的分数绝大多数都极低，有些甚至会是负分。在"留几手"声名大噪的那段时间，一些明星甚至还会发自拍来求手哥点评。

在微博社交平台大热的时期，不少人因为独特的言论或者是能够发人深省的故事而受到广大博友的关注。如"回忆专用小马甲"，最初写

的博文主要是回忆感情之用。后来博主上传了两只萌宠的照片，萨摩耶"妞妞"与折耳猫"端午"，两只萌宠配上幽默文字，顿时戳中了广大网友的萌点，"回忆专用小马甲"的人气也开始直线上升。

这一时期的段子手，确有不少人才华横溢，他们真正吸引博友的地方，或者是能够让博友达到放松的目的，或者是能够触动博友最纯真的情感，或者是能够对博友有所启发。如微博名人"作业本"，对热点新闻发评出声，针砭时弊，观点犀利独到，很受博友喜爱。

如针对网络上热议的高铁女孩拒让座事件，作业本就发表了自己的看法。该微博发布后，转发、评论很快过万，点赞数量更是高达十几万，作业本的人气之高，也可见一斑。

---

**作业本** ✔                                                              ⌄

5月6日 12:19 来自 微博手机版

支持高铁上拒绝让座的女孩，自己花钱买的票凭啥让给那老人？老人女儿指责女孩不让座没道德，是犯贱。让座，得感谢。不让，就指责，哪来这些臭毛病？好意思麻烦别人的，都不是什么好人，坐个高铁还得让座，坐飞机咋整？不让座女孩一点错没有，孝敬父母是自己的事，别绑架任何人，请讲规则别扯道德。

---

☆ 收藏　　｜　　✑ 17728　　｜　　🗩 16211　　｜　　👍 129409

---

即便是到了现在，微信大行其道，微博渐渐衰落，但其影响力仍然不容忽视。如文字鬼才马伯庸、生活起底段子手"所长别向我开枪"等依旧具有较强的影响力。

### 网红 4.0 时代，IP 产业下的 papi 酱

2010 年至今，是网红 4.0 时代，在这个时期，移动互联网大肆盛行、自媒体、实时社交成为这个时代的标志。

在网红 4.0 时代，网红开始 IP 产业化发展，通过电商、短视频、直播等移动 APP 平台输出内容，形成 IP。

一些时尚达人或者是那些对穿搭有着自己独到创意的博主们开始创立自己的品牌。到目前为止，关于这个群体的统计数据已经超过了1000 家。

2015 年，淘宝公布了非天猫店铺的女装 C 店年度销售排行榜前十名，其中有五名都被网红店主占据。

#### 2015 年女装 C 店年度销售额排行 TOP10

| 排名 | 店铺名称 | 网红店主 |
|------|----------|----------|
| 1 | 戎美 |  |
| 2 | 吾欢喜的衣橱 | 张大奕 |
| 3 | 毛菇小象 |  |
| 4 | CC Studios 家皮草 | CC |
| 5 | 大喜自制独立复古女装 | 赵大喜 |
| 6 | 小虫米子 |  |
| 7 | 于 momo 潮流女装 | 于梦姣 |
| 8 | dimplehsu |  |

| 排名 | 店铺名称 | 网红店主 |
|---|---|---|
| 9 | LIN EDITION LIMIT | 张超林 |
| 10 | MIUCO | |

（数据来自官方淘宝）

不仅如此，一些名气比较大的网红，还充分利用起自己的网红身份，大量吸金。比如，2016 年网络第一红人 papi 酱。

从 2015 年 5 月 papi 酱开始在个人微博上发布一系列的秒拍视频与原创短视频。papi 酱视频内容个性张扬、表演浮夸、吐槽毒舌，进而受到了不少网友的围观。在 2016 年初，真格基金、罗辑思维、光源资本以及星图资本向 papi 酱投资 1200 万元，显示了其强大的商业潜质；papi 酱对视频进行了第一次贴片广告，该广告位卖出了 2200 万元的天价。

papi 酱的走红彻底拉开了网红 4.0 时代大幕，网红的变现渠道也逐渐变得丰富起来，转而向优质内容输出升级。

当然，papi 酱的走红绝对不是偶然，而是时代发展促生的产物。智能手机不断更新换代、无线网络更加发达、直播平台迅速崛起、各类主播雨后春笋一般涌现。网红主播的平易近人、接地气，主播与粉丝之间超强的互动性，都让网红产业化发展成为一种可能。

2016 年，赵本山之女赵一涵，以网名"社会你球姐 baby"登陆某直播平台成为一名主播。本来就备受关注的"星二代"瞬间就拥有了大批的粉丝，本山传媒不少明星都到直播平台上对其捧场支持，而赵本山的微博也在沉寂五年后，再次更新，为女儿参加"十大网络主播"拉票。

视频主播，已然成为网红新兴的代名词。不仅草根在玩、名人大咖也是玩得不亦乐乎。比如被称为"国民老公"的王思聪也涉足了主播领域，并且赢得了大量粉丝的关注。这些都为他后续的商业计划与进一步发展创造了极佳的条件。

## ▶▶▶ 网红活跃的各大社交平台

既然是网络红人，必定离不开的工具就是网络。通过网络社交工具，网红们获得了大量的曝光率，赢得了不少人的持续关注，也遭到不少人的评论、争议，从而聚拢起超强的人气。

网红最常活跃的平台包括微博、知乎、天涯论坛、土豆、优酷、豆瓣等。

下面，我们逐一对这些社交平台进行一些简单的归类和分析。

## 微博、知乎、果壳

微博是网红 3.0 时代经常最常被使用的社交工具。微博时代，一些人气大 V 所凝聚起来的粉丝，往往蕴含着超乎人们想象的力量。生活中最常被人们使用的有新浪微博与腾讯微博。

一些网络名人借助微博发声，能够获得更加多的人气与关注。比如，因参加新概念作文大赛而声名鹊起的韩寒，其微博下聚集的粉丝已经达到了 4000 多万。众多粉丝对韩寒的追捧，甚至一度造成了"韩寒效应"。韩寒出书，粉丝第一时间抢购收藏；韩寒拍电影，粉丝争先观影；韩寒晒出女儿的照片，立刻就有不少粉丝前来捧场，甚至戏称韩寒为"国民岳父"。

微博曾经捧红了不少的网络红人，也受到了不少网络红人的青睐。

微博同知乎与果壳一样，是知识类社交平台。在这类平台上，大 V 们往往能够凭借对某一专业领域或学术领域上的较深见解，提供给广大博友更加优质的内容、更加精彩的回答以及更加有深度的博文。相较于其他的平台，这些知识类社交平台上的粉丝数量虽然不多，但是质量却很高，而且黏性也很好，极少会出现僵尸粉。不过，因为该类平台的主要定位是知识分子，大 V 们普遍不喜将流量转化为商业用户，而且对商业化也有极大的抵触心理。

## 天涯论坛

最早的网络红人基本都是在论坛里面诞生的。比如，从水木清华与北大未名论坛走出的"芙蓉姐姐"，从天涯煮酒论史版块走出的"当年明月"，从汽车论坛走出的"天仙妹妹"。

论坛诞生之初，主要是方便大家交流、互动所用。后来，有一些人开始在天涯论坛发表一些有见地或者有趣的帖子。

一些观点独到、内容新颖或者是迎合大众审美与各类心理需求的帖子往往能够受到广大网友的追捧。这种情形下，一些有心之人便开始借助论坛发帖为自己宣传造势。

比如凤姐，就曾因开出了七大高标准征婚条件，让不少人在嗤之以鼻的同时，开始对这个自恋到一定级别的人物给予了特别的关注。而凤姐也非常善于为自己宣传造势，很快就成为网络红人。

论坛的推广宣传作用也渐渐被人们所重视。目前，很多网络水军在为商家进行宣传推广的时候都不会忽略论坛这个重要的版块，也是因为论坛对商家的宣传造势能够发挥出非常强大的助推力。

## 土豆、优酷

相比于论坛、微博等平台的文字、图片形式，土豆、优酷等视频网站所发布的视频，似乎更受当前智能手机用户的喜爱。

不少智能手机用户也喜欢在闲暇的时候看个小视频以作消遣。

这其中最受瞩目的无疑是那位集"才华与美貌于一身的姑娘"papi 酱。

早在 2015 年 8 月，papi 酱在微博上发布秒拍视频《超实用的男性生存法则!》，获得了两万转发量。到了 10 月份，她尝试用变声器发布原创短视频内容，在短短几个月内，微博粉丝量迅速达到了 500 多万。

微博一炮而红后，papi 酱转战微信，短短五个月时间，便狂聚 1000 多万活跃粉丝。

此外，papi 酱原创视频在优酷的视频播放总量则高达 4000 多万。其中《上海话＋英语》的单个视频播放量就达到了 230 万。在二次元集聚地 B 站（哔哩哔哩），papi 酱投稿的 23 个视频总播放量达到了 1000 多万。

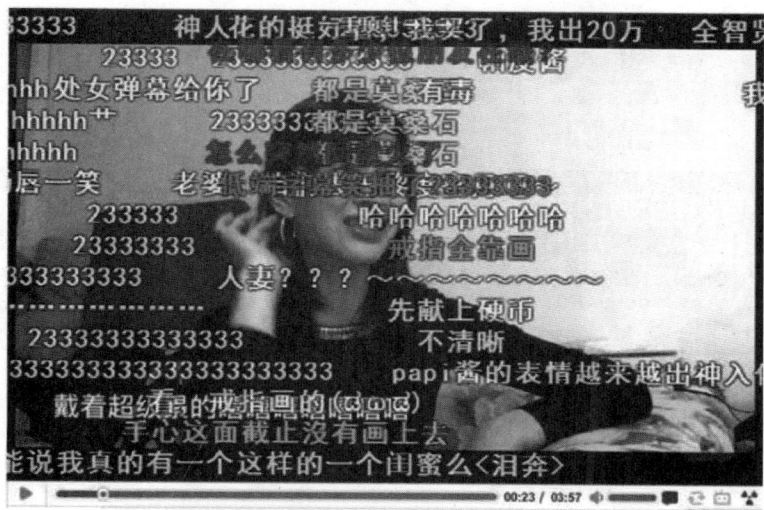

视频秒拍，成就了这个集美貌与才华于一身的姑娘，将她推上了 2015 网红第一人的宝座。秒拍视频之中，papi 酱通过夸张的表演，达到了极佳的表演效果，俘获了大量的铁杆粉丝。

## B 站

哔哩哔哩是中国一个 ACGN 相关的弹幕视频分享网站，又被称为 B 站，其前身为视频分享网站 Mikufans。其名字来源于《魔法的禁书目录》中上条当麻对御坂美琴的昵称"bilibili"（放电国中妹）。

该网站的一大特色就是实时评论可以悬浮于视频上方，是第二家提供该功能的视频网站。

B 站丰富的视频分类，充实有趣的视频内容，吸引了不少网络红人的关注投稿，这让 B 站的知名度不断攀升。

"死宅""吐槽""二次元"等另类文化是 B 站等视频网站兴起的最大原因。在这类网站上活跃着大量的原创视频网络红人，自称为 up 主。为了保持粉丝的持续关注热情，up 主需要保证上传视频的质量与频率。而 up 主上传视频多是因为兴趣、爱好，其变现的动机较弱。

## ▶▶▶ 网红，从内容到形态的价值重塑

网红由最初的内容输出，到现在的 IP 产业化发展，经历了很多。最鲜明的一个表现就是在网红 1.0 时代，人们的变现渠道是以出版为主，而现在，则演变成了名人代言、出席商业活动或者是内容改编等。

网红这个最初不是很起眼的群体，正在发生着翻天覆地的巨变。

那么，从网红 1.0 时代到网红 4.0 时代，网红是如何从一个特殊的群体，发展成为一种经济模式的呢？

这其中与互联网技术的发展有脱不开的关系。互联网技术的大发展，催生了众多的社交平台，而社交平台上不断涌现出的网络名人也在渐渐影响着人们对商业广告的看法。

举个简单例子，最早的时候女鞋店想要把鞋卖掉，常用的方法是，找到一个顶级的设计师，然后找一个名气较高的女明星，请她帮你拍几幅美美的照片，把这些照片印在鞋店的宣传海报上，进行大量的广告宣

传，从而达到成功将鞋子推销出去的目的。

但是现在，我们完全可以换一个完全不同的营销方式。

比如，在微博大盛的时代，上海费睿网络科技有限公司的创始人蒋美兰就曾找到了当时的知名博主蔡康永，这样跟他说："我们来做一件不一样的事情吧？我想请你来当我的女鞋设计师。"蔡康永想了想说，好。

两者合作一起来做这件事情，一共设计了七双鞋子，而蔡康永则负责为这七双鞋子写七个爱情故事，与此同时，他还为这七双鞋子拍摄了七组视频。

这是第一次有人为女鞋写故事。一时之间，这个事件被蔡康永的不少粉丝关注。不仅如此，他们还把设计的鞋子送给了排在微博排行榜前100名的女星们，其中就包括章子怡与范冰冰。每一个收到蔡康永鞋子的女星都会再次帮着他们推微博。这就形成了一个非常有影响力的氛围，在很短的时间之内，这七双鞋子名声大噪。

很显然，在这个营销事件中，蒋美兰与蔡康永几乎没有特意去打广告，仅仅只是凭借着社交话题就创造出了一个完全不一样的市场。

在这个营销事件最火爆的时候，蔡康永出现在久光百货的现场，结果，一双2000元的鞋子，以每分钟一双的速度卖掉。

很显然，一双能够卖出2000元的鞋子，它到底值在了哪里？有人说是款式，有人说是材质。其实，最重要的一点，不是款式也不是材质，而是心理。营销就是一场心理战，再好的产品，你的战术不好，也不一定能够卖掉。相反，如果你能让消费者对你的产品感兴趣，对你的产品"感觉"不错，你才有更大的可能将产品卖掉。

从最初的明星代言（当然，现阶段明星代言也是一种最主要的营销方式），到现在的网红推销。企业的营销方式正在发生着翻天覆地的巨变。网红，促使着人们迅速完成了从营销内容到价值形态的重塑。

那么，实际生活中，究竟哪种方式更容易找到目标消费者呢？

蒋美兰曾用了这样两幅图来加以说明：

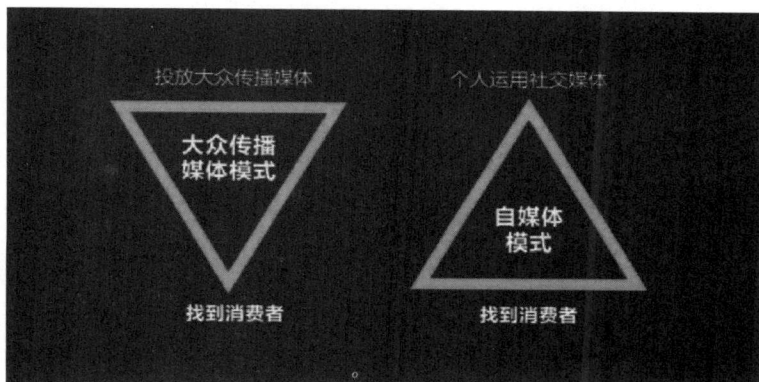

从上面的图中，我们可以清楚地看到，传统的广告投放模式，是以面找点，找到的目标消费者数量极少；而新兴的社交媒体形式，则是以点找面，所找到的消费者多是某个自媒体的粉丝，数量较多。

在这个自媒体唱主角的时代，网络红人或者网络知名自媒体正在成为一种庞大的营销力量。只要他手里有一部智能手机，拥有不错的社交平台，比如微博、微信等，就能通过这些平台将某些事件传播出去，形成以点带面的传播模式。

该模式给我们所提供的经验也是非常值得借鉴的。当你想要策划一起事件营销的时候，你一定要先清楚谁可能成为该事件的意见领袖，然后通过他们的发声，将事件延伸，找准目标消费者。

网红经济正在逐渐演变成商业模式中最不可或缺的一种。互联网新应用形态的不断更新换代也为网红的崛起提供了天然的土壤。我们以直播平台为例，战旗 TV、斗鱼 TV、映客、虎牙都成为网红的主战场，催生出了越来越多的网红代表人物。

比如秒拍的 papi 酱、艾克里里，美拍的 SKM 破音、知乎的大 V 以及 B 站的 up 主们等。

全新的社交平台、全新的美颜工具、全新的内容表现方式以及流量变现手段，催热了网红经济，也加速了超级 IP 这个最具流量能力的价值重构。

网红经济，从本质上说是粉丝对偶像的价值取向与精神层面的追随。一些商业机构借助这种追随形成商业变现。这就提醒我们，不能把网红经济纯粹地当成一种商业模式去经营，不然很可能会将网红的人气全部消耗完毕。

最正确的做法就是让网红的这种精神体验成为商业本身的一种载体。


全球闻名的美国娱乐界名媛金·卡戴珊（Kim Kardashian），是一位出色的服装设计师、演员、企业家。美国手游公司 Glu Mobile 发布的模拟养成类游戏《金·卡戴珊：好莱坞》便是为她量身定制的。作为 Glu Mobile 公司的签约对象，金·卡戴珊对游戏的制作与推广进行了全程的配合与参与。

该款游戏发行后，效果空前的好，所创造的业绩也远远超出了 Glu 的预期，长期盘踞在全球 IOS 游戏下载榜首，甚至还一度进入了全球 IOS 游戏收入榜的前十名。自从游戏正式发布到现在，Glu 已经创下了 1.46 亿美元的营收，公司股价涨幅一度达到 58%。

在 Glu 所开发的游戏产品中，《金·卡戴珊：好莱坞》成了其旗下最得意的爆款、第一捞金王。细究这款游戏能够持续火热的缘由，我们不难发现，从该游戏制作到推广的过程中，采取了这样的设定：玩家必须要不断地参与聚会、举办演唱会或者约会来吸引媒体的注意。在每一场活动中玩家都可以获得金钱奖励，而玩家则可以利用这些奖励购置新衣或者拉拢更多的粉丝。伴随着你的经验累积，你的梦想也可以渐渐从 E 档名人逐渐升级到头文字 A。也就是说，你必须要为你的明星梦付出足够的代价与努力。

很明显，这种游戏设定让粉丝能够更加了解金·卡戴珊的娱乐生涯，而且对娱乐生活更加感同身受。当玩家在玩这个游戏的过程中，会遇到很多与你一样攀爬在名誉阶梯上的人。但是，当你成功升级为 A 档之后，那些所有未能升到这个层次的人都成为你游戏中的过去式。为了获得粉丝，你只有选择跟自己是同一水平的人进行交友或约会。这种剧情一直在重复，玩家为了升级奔波在各种活动之中，陷入了可怕的明星生活无限循环，不断地重复赚钱—买衣服—吸引粉丝的套路。最终，你的名气虽然响当当，但是，你却会觉得空虚。

玩了这个游戏，玩家们会发现：金钱其实什么也买不到，除了一大堆可有可无的东西、关系脆弱的朋友以及对虚荣的渴望，你得不到任何自己想要的东西。

玩家们在玩这款游戏的过程中，深入了解了金·卡戴珊的生活与工作，甚至是她的精神世界。在这个意义上讲，这已经不仅仅是一款单纯的游戏，而是对金·卡戴珊的精神体验。

分析 Glu 设计这个游戏的初衷，不是简单粗暴地对金·卡戴珊的粉丝直接变现，而是吸引那些想像金·卡戴珊一样被人追捧的粉丝们。当粉丝们在玩这个游戏的时候，其实已经在潜意识里完成了对金·卡戴珊生活的体验，得到了一种精神满足，所以，他们愿意为这个游戏买单。

纵观上述两个变现的例子，我们不难发现，网红背后蕴含着巨大的商业价值，而变现的方式却已经不再是最初简单的出版或者打赏，而是演变成了更为高级的 IP。我们将这种以满足粉丝精神体验为主的商业变现模式，称为"网红经济"，而这也很可能是未来网红经济最重要的变现渠道。

## ▶▶▶ 网红，将开启全新的营销时代

有一位网络公司 CEO 曾这样说："在未来，大公司很可能是被小

公司打败的。"

她说这句话的时候，举了这么一个例子，相比于那些大牌的明星，广大网民们更愿意与谁交流？她给出了这样一个答案：网红。

的确，相比于大牌明星的高冷，网红似乎更接地气，对粉丝们也更加随和，更有亲和力，更愿意去解答粉丝们的问题。所以她说，未来的大公司很可能是被一群小公司所击败，而未来大明星的地位也很可能会被一群网红取代。

企业很有必要问自己这样一个问题：我的粉丝在哪儿？我怎样才能够把一群人圈起来，让他们成为我的粉丝？

我们首先需要明白，别人为什么需要购买你的产品，他们是出于一种什么样的原因来购买你的产品的？只有那些因为共同需求而购买你产品的人，才可能会成为你的粉丝。

这就需要我们充分利用社交行为的影响力。换句话说也就是，你的重点不是研究自己的产品卖掉了多少，而是研究在这群人的社交领域里，他们最常讨论的是什么，他们对你产品的看法是怎样的。

在这个社交便捷、智能手机盛行的时代，粉丝只需要一部手机，就能与你轻易对接。我们要做的是，当用户看到你的产品的时候，就要有一种"那一个时刻，当下内心被击中的感觉"。

也就是要善于制造"场景"。场景是什么？说得通俗一点，就是当你需要的时候，我恰巧在你身边，为消费者创造方便。

消费者正需要，而你正好有，这就是网红经济下的营销优势。

通俗一点讲，也可以称之为满足消费者的"惰性"。在这个方面做文章，也就诞生了"宅经济"。在未来的时间内，你提供给消费者的方便性越大，就越是能够赢得更大的市场。

美国最大的亚马逊商场在 2015 年推出了一款名为 Dash Button 的产品，这个产品是做什么的呢？

当你需要某些刚性需求的产品时，点击这款产品的按钮，就能够让亚马逊把你需要的产品送过来。比如你正在洗衣服，而洗衣液快没有了，你所要做的不是到店里去买，只需要点 Dash Button 按钮就可以。

亚马逊的做法就给我们提了两个醒。

第一，我们过去一直在研究商品究竟是要在线上卖掉还是在线下卖掉。

其实，不论是线上还是线下，都是我们的战场。而亚马逊通过一个 Dash Button 按钮，直接将销售的卖场乃至竞争拉到你的家中。它把你的家作为了展示的重要陈列地，打破了线上与线下的界限。

第二，它顺利地阻隔了其他打折品牌闯进你视线的概率。

你的"懒惰"造成了更加直接与快速的消费，而这也将成为未来最重要的消费模式。

曾有业内专业人士预言，未来将会是小众化唱主角的大众市场。什么叫小众化的大众市场？直白点说，就是一个小众化的市场却可以引发绝大多数人对它的关注，并且使得自己想要推广的品牌获得持续的关注与品牌生命力。

社交经济的本质就是取得最高的成交转化率，而不是要求所有的人都来了解你，都能够买你的账。

想要取得最高转化率靠什么？铁杆粉丝。什么是铁杆粉丝？简单来说，就是他非常非常爱你，并且会主动为你发声，做你的后盾。

在未来，这种小众化的大众市场将会成为一种趋势。这就要求必须要有那么一小部分人是真心地喜欢你，没有理由地爱你、支持你。

除了这种最高转化率，我们还需要考虑到频率。也就是说，这个粉丝一年能够光顾你多少次。在我看来，一年能够光顾你十几次的粉丝，远比那些一年只来一次，而一次消费过万的粉丝更有价值。因为，黏性所产生的社交影响力是不可估量的。

说了这么多，无论是最高转化率还是频率，其实，都离不开当前最炙手可热的一个关键环节——网红。

相比于一些大牌明星，网红更接地气，更容易受到网友的喜爱，也更容易产生社交经济。


2016年4月份LV最新品牌代言人让所有人眼前一亮，她不是任何明星，而是一位动漫终极幻想的女主角——雷霆。

　　LV 使用雷霆做形象代言人对于年轻人来说是一个非常具有震撼性的事件。对于那些沉迷于二次元世界的年轻人来讲，LV 以这个动漫人物做代言也就代表着它在接纳这个年轻人市场，认可和尊重了这个年轻人群体。它就这样闯进了年轻人的市场，让不少年轻人一夜之间就知道了 LV 的大名。

　　在社交营销中，网红无疑占据着非常大的优势，因为网红群体的特殊性，多多少少都拥有着自己固定的粉丝。那些正当红的网红们，其粉丝数量更是动辄上千万。小米科技的 CEO 雷军曾提过一个概念——粉丝经济。在未来，一个人只要拥有足够多的粉丝，就能创造出巨大的经济效益。的确，在这个互联网科技高度发达、粉丝当道的今天，你光是有好产品还不够，还要有人肯喜欢你。那些真正成功的品牌，从来不会是只有人买而没有人爱。比如苹果公司每一次产品发布之后，都会有无数的果粉为之疯狂。

网红经济正在做的事情，就是发展粉丝，挖掘出粉丝的巨大消费潜能。比如著名作家郭敬明，最初他的粉丝可能只是他的读者，可是当郭敬明转而拍电影的时候，这些读者迅速转化成了观影者。这些读者为什么会义无反顾地去支持郭敬明？很显然，是因为他们对郭敬明的热爱已经超越了那张电影票的价值。

　　实际上，商业经济与网红结合，网红无形中就充当了品牌的推手，将品牌推送给自己的粉丝，让更多的粉丝愿意为品牌买单。而当前最炙手可热的网红们，也将开启一个全新的营销时代。

# 第二章
# 深度解析网红经济产业链

    网红，从一个单纯的称呼，到现在发展成为一种经济模式，以至于现在形成产业链条，很多关键要素发挥着极大的助推作用。最紧要的有这样几点：网红产生的核心要素、网红活跃的方式以及成为网红的必备条件。弄清楚这几个要点，对于我们搞懂网红经济就大有裨益。

### ▶▶▶ 网红产生的核心要素

网红的诞生需要一定的契机与土壤，其中，有三个核心要素必不可少，这就是情感认同、兴趣集中以及娱乐需求。


#### 情感认同

也许我们都有这样的经历，当我们在网络上看到了某篇文章能够引发我们的同感，我们就会不由自主地进行转发与跟帖。

网红所必备的一个要素就是能够与广大的网友产生情感的共鸣，让网友们对其所陈述、所表现的内容表示出情感认同的同时，喜欢上自己，进而进一步发展成为自己的粉丝。

就拿网红第一人 papi 酱来说，在众多浓妆艳抹的网络女主播中，papi 酱的妆容几乎可以算作是素颜了。可是，这个素颜的 papi 酱为什么能够赢得诸多粉丝的追捧与热爱呢？

很大一部分原因，就是因为她所发布的视频，总是能够引起人们的情感共鸣，让人们在会心一笑的同时，心有所感，有所触动。

比如，papi 酱的原创小视频《没事别逛家具店》，就讲述了其逛家具店的血泪史。

原本是要买一张桌子的 papi 酱，在逛家具店的过程中，看到什么都觉得家里正缺，于是，买了插线板、脏衣篮、衣架、桌布、鼠标垫、两张桌子、四把椅子、椅垫……

此外，为了把家里的衣橱填满，还去逛了街，花了远超预算 500 倍的钱。

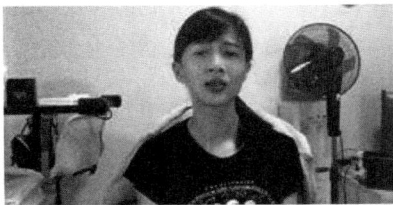

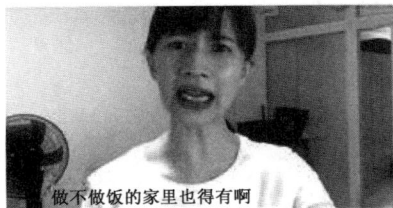

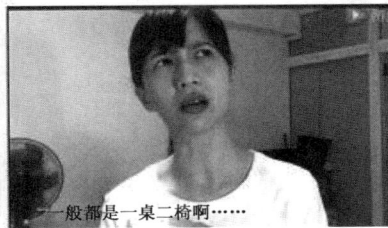

papi酱在讲述这段经历之前，用了这样一段话："我最近在准备搬家，于是我和老胡到家具店去了一趟。我本来只想买一张桌子，但是这个世界从来就不让你好过。"

听完papi酱讲完逛家具店的经历，大家不由会心一笑，觉得这个女子简直是说到了自己的心坎里。

的确，对于女性来说，任何人都不缺少逛街的经历。逛街之时，女性那强大的联想能力，简直就是超强的购物推动器，看到什么都觉得自己家里需要，而且还能找到非常恰当的借口来说服自己进行购买。

该原创视频播出后，粉丝们给予了热烈的回应。papi酱微信号该视频下方的留言区，几乎被粉丝刷屏。

从每条留言的上万上千条赞中，我们也不难看出，与papi酱深有同感的人并不在少数。而这种贴近人们日常生活的视频内容，很轻易地就吸引了粉丝的目光。让粉丝们在轻松一笑的同时，也对自身的

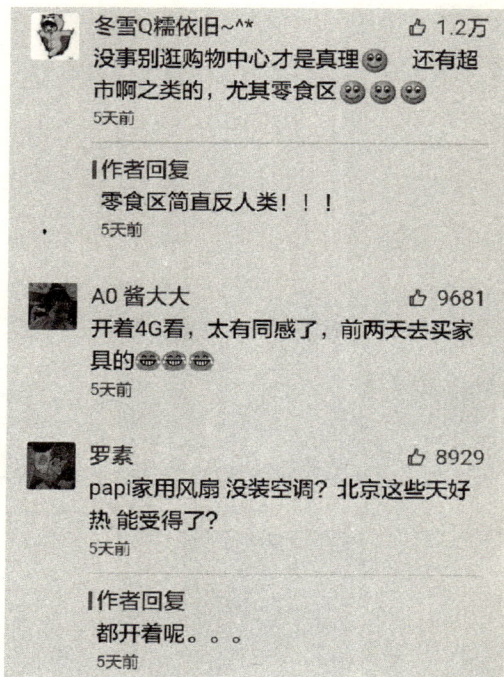

冬雪Q糯依旧~^*　　　👍 1.2万
没事别逛购物中心才是真理😊　还有超市啊之类的，尤其零食区😶😶😶
5天前

｜作者回复
零食区简直反人类！！！
5天前

A0酱大大　　　　　　👍 9681
开着4G看，太有同感了，前两天去买家具的😭😭😭
5天前

罗素　　　　　　　　👍 8929
papi家用风扇 没装空调？北京这些天好热 能受得了？
5天前

｜作者回复
都开着呢。。。
5天前

类似经历深有同感。

不得不说，这个集美貌与才华于一身的女子，真的非常聪明。她非常善于捕捉人们的心理，创作出能够引起人们心理共鸣的东西。而这些东西也让她变得更加接地气，更受粉丝的欢迎。

不仅是在视频唱红的时代，网红们需要重点建立起情感认同，在文字网红盛行的时代，同样也需要情感认同来吸引粉丝。

郭敬明曾经写过一系列的青春伤痛小说，这些小说为什么那么受欢迎？很重要的一点，就是他表现出了一代人的心理历程，表现出了一代人的心理伤痛。他的文字、故事，好像再现了每位少男少女的青涩时代，触及了那个群体的灵魂。《悲伤逆流成河》《幻城》，他的作品以唯美感伤的文字，以及这些故事中所要传达的思想，真切地触及到了那一代人的内心，让他们在偷偷流泪的同时，缅怀着自己的青春。

对于任何一个网红而言，其所表达的内容能够吸引粉丝产生情感认同都非常重要。这是网红吸引大量粉丝，发展网红经济的必要条件。

## 兴趣集中

除了情感认同，还有一种模式，就是大家还要有共同的兴趣。只有具备共同的兴趣爱好，粉丝们才愿意与你交流互动，愿意会聚在你的旗号下。

这也就是为什么知乎、天涯、微博等以传递内容为主的平台上可以诞生大量的大咖。

共同的兴趣，有助于增强粉丝的黏性，让粉丝持续关注网红。

如果我们曾经关注过微博或者是那些知名的视频网站，你就会发现，那些能够长期霸占我们视线的，几乎都有一个共同的优势——善于发掘生活，擅长讲故事，勾起你的兴趣。比如宋小君、颜夕谣、安梳颜等这些作者总是能够举重若轻地将大家所感兴趣的话题，编织成出其不意的故事，或者温馨，或者伤感，又或者励志，让文字在他们的笔下步步生花，开成"奇葩"。

在当当网的销售平台上，有这样一本书，曾经一度占据着畅销榜的榜首，这本书就是《从你的全世界路过》。该书作者，就是"微博上最会写故事的人"张嘉佳。自从 2013 年该书出版就收获了一路的荣誉：上市之后，连续两周位居当当网、亚马逊以及京东的图书总榜冠军。上架仅仅 6 个月销售超 200 万册，全国 16 城巡回，签售 19 场，签出了 16 万本图书。2014 年 3 月，该书入选"第五届中国图书势力榜文学类十大好书"；12 月 11 日，该书获得亚马逊年度图书总榜第一名、kindle 年度电子书收费榜的第一名、京东年度青春小

说榜第一。张嘉佳也荣登了亚马逊年度畅销书黑马作家榜的冠军之位。

张嘉佳作为一个会讲故事的人，他的文字或者明媚，或者温暖，又或者绝望，贴近人们最日常的生活，引动着人们的阅读兴趣。而擅长驾驭文字的他，更是被称为"南大第一才子"。

用文字，他吸引了众多与他有着共同兴趣爱好的人，共同来品味生活中的点滴波澜，共同来欣赏那些或许平淡但却让人心潮澎湃的故事。

张嘉佳的成功不是偶然的，而是聚合在微博阵地上粉丝力量的一种爆发。聚合粉丝兴趣的网红，所创作出的产品，才可能赢得粉丝的买单。


## 娱乐需求


在生活节奏日益加快的移动互联网时代，娱乐需求已经成为人们日常工作之外进行消遣的一种主要方式。

那些能够让人轻松一笑、精神放松的网络红人，也能收获很好的关注度。

比如，前一阵网络上曾经的网络红人"搬砖小伟""吃货蝙蝠侠""夏贱贱BOY"等。这些出身社会底层的草根网红，凭借着当下最热门的快手秒拍，闯进了公众的视线。

这些草根网红的视频内容或者令人称奇或者惊悚，又或者让人不忍直视，但是，这些视频有一个共同的特点——满足了网民重口味的需求。因此，在草根群体中俘获了大量的粉丝，与之相应的也就是丰厚的回报。

他们在拍摄这些视频的时候，需要承受极大的风险，但是，他们却甘愿去这样做。因为他们很明白，在这个现实的社会，打工无法改变他们的命运，可是成为网红却让他们看到了一线希望。

以"搬砖小伟"为例，他在短视频APP"快手"上拥有上百万的粉丝，可实际上，这位拥有着众多粉丝的网红，却只是个初中一毕业就在工地上搬砖的农民。在他身上，甚至还残留着"网瘾少年""留守儿童"的印记。当年16岁的小伟踏上父亲的老路，走进了工地，可是，因为身材瘦小，并没有什么优势。为此，他萌生了健身的念头。渐渐地，小伟的身材越来越好，甚至已经拥有了八块宛若雕塑一般的腹肌，"搬砖小伟"这个ID便由此而来。

工作闲暇之余，小伟经常拍摄一些在工地的钢筋水泥之间"飞檐走壁"的视频，并把这些视频上传到"快手"上。他的这些充满危险性与刺激性的健身视频，经常会被顶上"快手"热门。而这也为小伟带来了丰厚的广告收入。小伟这样一个出身社会底层的草根网红，靠着每月的广告收入以及在工地上的工资，每月的收入能够达到三万元以上。

对于很多草根而言，出身似乎决定了他们未来的命运，他们一辈子似乎只能是面朝黄土背朝天，步先辈的后尘。然而，网络的高度发达，却让他们看到了另一个世界的疯狂。

在这个虚拟的网络世界中，只要你能够提供新奇的内容，就有人会为你的汗水与付出买单。或许也正是因为这样，才会有无数的草根网红崛起，为了博人眼球，甚至不惜自虐、自曝，刷新人类认知的底线。

比如"吃货蝙蝠侠"马帅，经常直播吃一些恶心的东西，以及头碎盘子、空手打水壶等等。这些冒险自虐的行为为他赚足了粉丝的眼球，又因为他经常戴着一个蝙蝠侠面具，被粉丝称为"吃货蝙蝠侠"。相比于那些高端大气上档次的网红，这些出身社会底层的网红所获得经济收入也仅仅是比他们这个层次高很多而已。尽管马帅费尽心思吸引网友的眼球，也只是赢得了各种中低端的广告植入，每月收入近万元。

一旦成为网红，其背后所蕴含的巨大经济价值，让越来越多的人对成为网红趋之若鹜。在他们看来，网红不像明星那样要求"高大上"的出身，只要自己能够提供吸引人的内容，就能获得大量粉丝。而粉丝，对于网红而言，就是最大的财富。

## ▶▶▶ 网红最常见分类

网红最常见的分类有三种，即电商网红、内容网红与名人网红。下面，我们就来看一下这三类网红的特点以及经常出没的平台。

### 电商网红

电商网红主要由一些小模特、小设计师或者是淘宝的卖家演变而来，他们的主要特点是年轻时尚、懂得搭配并且经营着淘宝店。他们很善于在社交媒体上利用美图来呈现自己的穿搭、宣传自己的新品，在频繁与粉丝互动的过程中，在电商平台上实现变现。

电商网红与名人网红、内容网红不同，他们之所以会红，主要还是看颜值与气质。同时，还需要网红孵化机构的协助进行宣传造势，借助后者提供的店铺运营、供应链管理等达到变现的目的，并与网红孵化机构进行分成。

如2015年淘宝的"618大促"中，在销量排行前十的淘宝女装店铺中，有七家店铺为网红店铺，电商网红的数量达到了中国网红总量的一半。

2016年5月23日，第一财经商业数据中心发布了《2016中国电商红人大数据报告》，报告综合参考了国家官方统计、阿里集团大数据、新浪微博、优酷土豆以及第三方权威机构等多方数据，预计2016年红人产业产值预估将近580亿元，将远远超过2015年中国电影440亿元的票房金额。

在综合考量了各电商网红的粉丝质量、变现能力以及未来成长性之后，报告还公布了电商红人的商业价值榜，其中，Only Anna、张大奕、LinForeverGirl位居TOP3，TikiLee、AlU-U、Yeswomen小宜，雪梨Cherie和美美de夏夏啊则紧随其后。

从这些电商网红所爆发出的强大价值潜能，我们不难看出，网红经济已经成为新经济形势下的一个全新经济角色，体现出了互联网在供需两端所形成的强大裂变效应。

不仅如此，电商网红还为制造商、设计者、销售者、服务者与消费者搭建了一条全新的链接，为互联网融合全新的经济模式带来了极大的活力。

不过，想要成为电商网红却并不是一件容易的事情。需要具备如下条件：

第一，必须要有敏锐的审美。对于电商网红来说，如果不具备敏锐的审美，也就失去了成为电商网红的资格，毕竟这是基于某个行业的基本判断能力，没有这个能力，根本就无法设计出最时尚靓丽的穿搭。

第二，要有极佳的个人魅力。个人魅力是一种无形无状的东西，但是具备个人魅力的人，却总是能够轻易吸引别人的眼球。对于电商网红来说，这种个人魅力或者是一种绝佳的气质，或者是一种亲和力。只要能够让粉丝买单，这种魅力就是值得认可的。

第三，拥有社交圈或者是生活圈的影响力。这一点的作用显而易见，只有在某些社交圈或者是生活圈中具备了一定的影响力，才可能将粉丝引流到电商平台，最终达到变现的目的。

## 内 容 网 红

内容网红，简单说来，就是靠着精彩的内容吸引粉丝、留住粉丝，让粉丝成为你的追随者。在当前，内容网红绝大多数是以自媒体的形式表现，主要通过微博大 V、微信公众号等传递原创的内容，其形式多种多样，包括段子、漫画、评论、视频等。这些内容或者是幽默风趣，或者是犀利独到，或者是个性有创意，往往能够成功吸引网友的关注与兴趣，转化为网络内容原创者的粉丝。

与视频网红中的网络主播不同，内容网红并不要求内容创作者有多么高的颜值，只要能够提供出优质的内容就能获得粉丝的买单。

2016 年 5 月份，罗辑思维创始人罗振宇曾策划了一次 papi 酱广告招标会。起拍价格为 21.7 万元，随即一路走高，最终定格在 2200 万元。这个价格，成为"新媒体史上第一拍"，重新定义了人们对自媒体以及网红价值的认识。

其实，在自媒体刚刚开始显现出巨大的潜力之时，不少传统的媒体人就已经开始心痒难耐，甚至有很多的传统媒体人还辞了职，专门开设了公众号干起了自媒体。一些小城市的草根网红也架起手

机开始寻找全新的赚钱渠道。

而像罗振宇、吴晓波这样早早开始经营自媒体，并且树立起自己品牌的优质内容传播者，更是已经笼络住了大批的粉丝。

内容创作者的商业价值得到了前所未有的肯定。在这种经济发展形势下，越来越多的内容创作者们开始对网红这条路趋之若鹜，不少人甚至还不清楚自己究竟要创作什么样的内容，就仓促地投身到了内容创业的洪流中。也有不少自媒体在极短的时间之内就斩获了丰厚的回报，但是在接下来的竞争中则可能会被残酷地淘汰出局。

眼光独到的投资人在这众多的内容创业项目中仔细甄别，冷静而清晰地辨别哪些才可能是"内容红利"期真正的黑马。

在内容网红大行其道的今天，优质的内容所带来的红利也已经超乎了人们的想象。

当然，在这个时代，想要做好内容，还需要注意这样一些问题。

第一，"内容红利"时代，竞争也在大幅加剧。

随着微信成为越来越多人所依赖的社交平台，人们获取信息的方式也在逐渐发生着变化。这就催生了"微信公众号"这样一个信息传递的平台，这个平台也成为自媒体最大的创业平台。

在8亿多的微信用户中，80%以上的用户至少会订阅一个公众号，微信这个平台，让公众号具有了流量变现的能力。

而对于平台而言，优质的内容又成为留住用户的重要因素，也是因为如此，内容的价值才再一次受到了人们的重视。如今，众多的门户网站、百度百家、今日头条等平台开始重视自媒体的潜在价值，对自媒体采取大力扶持计划，为的就是能够吸引到诸多的优秀内容创作者到自己的平台安家。

内容与平台的关系表现得最紧密的就是"直播"。比如映客，因为涌现出了诸多的优质网络主播，在不足一年的时间里，估值就超过了30亿元；而许多主播也借着映客这个平台名利双收。

万合天宜首席财务官陈伟泓曾这样说："网红是自带流量的自媒体。"而紫牛基金创始人张泉灵也认为，"最头部"的创业者才具有足够的投资价值。之前，她曾经与罗振宇一起投资过papi酱，目前的估量已经达到了3亿元。

随着微信公众账号等内容输出平台的注册用户不断创新高，内容平台的竞争也在不断加剧。内容创业已经从野蛮生长迈进了一个崭新的阶段。在这个阶段，内容输出有三种突出的表现：从单一的图文形式向图文、语音、视频与直播等综合模式转化；内容输出平台的多极化；内容创业模式的多元化。

这三个方面的表现，无一不说明，当前的"内容红利"期也并不是一片太平，而是充满着激烈的竞争与挑战。

第二，在做好内容的同时，想好如何变现。

在互联网经济大潮不断汹涌的时代，内容创业者在创作内容的时候已经不单单只是因为热爱，而是为了变现。这就要求内容创业者们，在思考如何做好内容的同时一定要想好如何变现。

懒熊体育创始人韩牧这样说："如果只是内容本身，它的价值会非常有限。"因为考虑到了这一点，所以懒熊体育将自己进行了重新定位，从一个体育商业的报道机构转为"体育产业助推器"。

对于媒体而言，缺少的从来不会是内容，优质的内容只是它们获取用户的一种手段，媒体最终经营的其实都是用户。作为内容的创作者与平台方，所要做的，实际上就是通过内容来圈住用户，继而深度挖掘商业价值。

第三，避免走上内容创业的这些"坑"。

著名的自媒体魏武挥认为内容创业主要有四个坑：广告、电商、IP与估值。

在自媒体盛行的时代，魏武挥认为，目前广告主的报价有点"虚高"。简单说明一下，在传统媒体时代，那些较好的杂志可能会有10万个订阅者，所以广告收费高一些无可厚非，但是，一则公关软文在汽车圈里就能卖到10万块，他认为这个现象是不合理的。并且他还预言，"这个'泡沫'会慢慢破掉"。

而说电商是个坑则是因为，这是被绝大多数创业者认为最现实的变现模式。但魏武挥却提醒内容创业者们，想要涉足电商领域，则意味着你要进入一个完全陌生的领域。而电商所包括的仓储、物流与客服又会造成成本的增加，这显然是得不偿失的。

而对于目前最被人看好的IP，魏武挥也认为需要谨慎对待。真正能够成为IP的内容，必须是那些经过多年积淀，被大众所认可的内容，比如说《哈利波特》《魔兽》等。

想要成为内容网红，并不是一件轻松的事情，不仅要能够输出优质的内容，还需要注意一些浮华的"泡沫"与"深坑"。只有谨慎、用心，小心前行，才可能成为真正有价值的内容网红。

## 名人网红

所谓名人网红，就是指那些本身已经具有一些名气，走向网络社交平台实则是为了更进一步提升自己的人气，或者是为某个项目、活动、企业做宣传等等。

比如说曾经的微博话题女王徐静蕾、姚晨等，本身是名人，更是知名的微博大咖。乐坛小天王周杰伦与"国民老公"王思聪在游戏直播平台上对战《英雄联盟》，吸引了千万人观看；知名影星刘涛、娱乐明星 Angelababy、陈赫等也纷纷入驻直播平台。甚至一些企业家李开复、雷军、罗永浩等也在网络上保持着极高的活跃度，不仅开微博发声，还在一些专业的互联网网站开辟了自己的专栏。

不仅国内的名人开始重视网络的圈粉效果，国外一些名人也纷纷开始挖掘网络的价值。英国著名的物理学家史蒂芬·霍金入驻新浪微博，开通个人微博，短短两天就成功圈粉超 300 万，一些外国政要也纷纷开通了微博，与网友进行亲密互动。

2016 年 4 月 12 日，霍金发布了自己的第一条微博，回顾了自己来中国的多次经历，中英文双语问好，更是拉进了他与中国网友的距离。

这样一位似乎高高在上，可望而不可即精英居然在新浪开通了微博，网友的兴奋之情也是不言而喻的，这事件的舆论热度也是一直不曾消减。

不仅霍金开始在新浪微博发声，一大批国外政要也开始借助微博向中国民众发出了友好的信号。比如印度总理莫迪、英国前首相卡梅伦、以色列前总统佩雷斯等。

在沟通内容方面，这些国外的"名人网红"也很善于找到那些轻松、亲民的话题。当然，也会涉及一些比较严肃的话题，比如政治、经济、安全方面等。

当然，对于大多数微博来说，实际上并不是名人自己亲自在经营，而是有着专业的代管理人员为其操作。不过这并不意味着这些名人对自己的微博就不关心，相反，他们非常关心自己的微博。像印度总理莫迪在开通微博之前就进行了充分的调研与准备，以色列前总统佩雷斯更是称"在微博平台与网友对话是个'好主意'"。

名人网红的不断涌现，很能说明一个问题。随着互联网的不断发展，全球化已经成为一种趋势，名人们为了维持自己的人气，获得更多的支持，就会更加重视任何与粉丝互动的机会。很显然，网络就是这样一个必不可少的互动渠道。

对于名人网红来说，在线上进行变现并不是其主要目的，为其本职工作做宣传，为其线下活动宣传造势，增强线下事业的变现能力，才是其运营的核心。

## ▶▶▶ 能够成为网红的必备要素

伴随着网红所爆发出的巨大经济价值，越来越多的人开始将视线瞄准网红这一领域。对于那些没有任何背景的平民草根而言，成为网红似乎是改变他们命运的捷径。

网红经济所爆发出的巨大经济潜力，吸引着越来越多的人投身到了这个领域，他们或者是以极端的方式吸引观众的眼球，或者是以低俗的标题勾起观众的好奇。但是，在众多的网红之中，真正具有强大"吸睛"本事的，毕竟还是少数。多数网红其实处于一种半死不活、不温不火的状态。

这很能说明一个问题，网红虽然具备巨大的可挖掘的经济潜能，但是并不是每一个人都适合做网红，也不是每一个人都能成为网红。想要成为网红，必须要具备以下一些硬件条件。

## 颜值担当或才华横溢

纵观那些当红的网络主播，几乎都是肤白貌美的美女或者是帅气有型的帅哥。网络上曾经流行这样一句话，"这是一个看脸的时代"。

的确，如果我们浏览一些视频网站，就会发现这样一个规律，那些被关注最多、人气最高的主播，必定是那些颜值比较高的。如下图，是花椒直播网站截图，图片中的几位女主播，青春靓丽，美艳动人，她们直播的节目，也吸引了不少观众观看。

的确，美丽的人或者物总是能够让人感觉赏心悦目，也更容易吸引人们关注的目光。想要成为网红也是一样，如果相貌普通没有任何出奇之处，人们在浏览视频的时候，很可能就会因此直接掠过。

相反，如果网络主播长得比较惊艳，让人看一眼就挪不开目光，想要看一看她到底在直播什么内容，这其实已经比其他的主播多了一些优势。

颜值高在主播这一领域，真得表现得那么明显吗？举个例子，我们就能对这一点深有体会。

映客是一款视频 APP 直播软件，登录映客的绝大多数用户多是一线的城市白领以及一些海外的留学生。随着映客的名气越来越大，一些一线的明星以及网络红人也纷纷入驻了映客平台，如刘涛、马可、王凯等。这些名人的入驻为映客带来了不少的流量，其中影视明星刘涛入驻仅仅一小时，便吸引了 600 万粉丝，这创下了视频直播领域的一个奇迹。

撇开刘涛影视名人的身份不说，刘涛的超高颜值也是为她吸粉的关键要素。再加上刘涛自身的经历本身就有着传奇的色彩，她入驻直播平台会引起观众的纷纷关注也就是意料之中的事情了。

除了超高的颜值在做主播的时候会占据一定的优势，那些长相非常富有个性的网络名人也可能会获得不少的关注以及人气。比如，赵家班的一些东北二人转演员，也曾在花椒网上开直播，同样也收获了不少的关注与粉丝。

对于网红而言，颜值高是其成功吸粉的一个重要条件，但是如果你有绝对的才华，其实也可以用才华来吸引粉丝。

比如很火的那个大脸胖子"小岳岳"。小岳岳是谁？这是众多网友对相声演员岳云鹏的一种谑称。看过岳云鹏相声的人都知道，岳云鹏的相声幽默风趣，包袱不断，而且经常挂在嘴边的一句"哎呀～我的天哪！"更是让众多的网友对他印象深刻。再加上岳云鹏那一脸贱贱的表情，登时戳中了观众的笑点。虽然没有出众的容貌，但是靠着过人的才华，岳云鹏依旧成为 2016 年排得上号的网红。《热血传奇》官方私服还请来了岳云鹏做游戏代言，"和小岳岳一起来战"的口号，曾经在 360 网页浏览器挂了很长一段时间。

没有颜值可以靠才华，如果你真的才华横溢，能够让广大网友为你买单，那么，网红这条路也并非是行不通的。


## 标签化与自我营销


出色的网红，必须要懂得让自己变得与众不同，必须要学会给自己贴标签。换句话说，就是要懂得自我营销。

何谓标签化？

简单举个例子，谈起对互联网业内动态比较有权威的互联网专家，我们最先想到的是谁？李瀛寰、柳华芳、王吉伟、i 黑马等。谈起对热点新闻点评比较麻辣的网络名人，我们最先想到的又是谁？金星、蔡康永、小S、罗振宇、王思聪等。说起最搞笑幽默的视频主播，你有会想起谁？papi酱、林弯弯、张依依等。

一旦你能够形成自己的风格，给自己贴上标签，就会让更多的人记住你。

比如，papi酱在每一次短视频结束之后，都会这样介绍自己，"我是集美貌与才华于一身的姑娘papi酱"。随着人们一次次观看papi酱的视频，与papi酱接触得越来越多，人们也对papi酱这句自我介绍的话表示出了深深的认同。这是一个明明可以靠颜值吃饭，却偏偏要靠才华吃饭的姑娘。

当然，对于任何一个想取得一定成就的网红来说，光是能够给自己贴标签还不够，你还要学会自我推销。这是一个营销的时代，每天新生的网红有那么多，如果你不懂自我推销，粉丝又怎么能够记住你，又怎么能够对你的产品买单？

说到这里，我们不得不提"国民岳父"韩寒。虽然韩寒为人很低调，但是不得不说，他是一个非常善于造势的主儿。


2015年，韩寒从一个作家、赛车手开始转型到影视界，成为一位新锐导演。在其导演的新片《后会无期》上映的前几个月里，韩寒充分利用起了其"网红"的身份，通过微博成功捕获了千万粉丝的心，从而顺利地将这部电影推向了市场。

那么韩寒究竟是如何一步步做到的呢？

第一，非常接地气的平民营销。韩寒是一位非常接地气的作家，他的文字幽默风趣，他为人不修边幅、平易近人，又很随和。很多明星不愿意去做的一些有损颜面的事情，韩寒做起来却非常随意。因此，韩寒成功地与网友们打成了一片，韩寒的这种平易近人的行为成功地让他在平民粉丝中赢得了诸多的好感。

第二，无厘头的情感营销。韩寒的微博中，经常会爆出一些语不惊人死不休的话语，比如"放心，小野不会嫁给你的""这个世界没有毫无道理的横空出世"等。对于绝大多数喜欢韩寒的人来说，他们其实是见证了韩寒的成长的。韩寒，已经不单单是一个简单的名字，而是一代人的回忆。在这个强社交时代，韩寒以其独特的社交风格，为小伙伴们增添了无数的快乐。哪怕其只是发布一张图片、一段文字或者一个表情，都能赢得小伙伴们的迅速围观。网友们在这种与韩寒互动的过程中，也认识了真正的韩寒。

第三，粉丝营销与口碑营销。众所周知，韩寒是新浪微博的大咖，关于微博，曾有人这样说："在微博时代，如果有 1000 万个粉丝，你就像电视播音员一样，可以很容易地让全国人民听到自己的声音。"而微博大咖韩寒所拥有的粉丝数量则达到 4000 多万。这也就意味着，他所发布的每一条微博都会受到千万粉丝的关注。当然，韩寒的好口碑也并不是一朝一夕形成的，而是他多年经营的结果。这些年来，韩寒不管是在写作上还是在赛车上都取得过耀眼的成绩。这不免引来外界对他的质疑与诋毁，但是绝大多数情况韩寒所采取的方式都是"置之不理"。这种洒脱的行事作风，也颇得粉丝们的欣赏与喜爱，更让他们愿意无条件地支持他所决定去做的每一件事情。

第四，宠物营销。在《后会无期》中有一只宠物出现的频次让人意外，这就是马达加斯加。这只宠物搞怪、俏皮、蠢萌，赢得了不少少女们的喜爱。这也为该电影增加了不少神秘色彩，为电影增加了更多的期待值。

除了以上几点，还有一个人其实也成为吸引众多粉丝流连韩寒博客的重要因素。这就是韩寒的女儿小野。因为小野，韩寒才获得了"国民岳父"的荣誉称号。网友们对小野的喜爱，已经到了一种欲罢不能的境地。

甚至有网友还戏称，"如果'岳父'再不放小野的照片，我们就罢看"。

韩寒的经验就值得我们借鉴。在这个品牌都在人格化的时代，行业已经没有了疆域之分，只有做得好不好、专不专业之别。而今天的互联网营销，也已经不仅仅只是一种信息的传递，而是一种自我价值与自我品牌的推广。

对于每一个网红而言，所要做到的不仅仅是要能够让网友喜欢你，更是要让网友成为你的铁忠粉丝，愿意支持你所做的每一件事情，愿意为你的事业与梦想买单。

## 新鲜有趣的内容供应

内容新鲜有趣是吸引观众关注的必要条件。如果我们所发布的内容枯燥无味，连自己都没有重新去看一遍的欲望，别人又怎么可能会对你的内容产生兴趣呢？

对于任何一位网红而言，持续有趣的内容输出都是保持他超高人气的必要条件。

这些年，涌现出的网红不少，诸如"伟大的安妮""papi 酱""桃太郎"等。他们能够爆红都有着一些共通之处，就是所提供的内容或者能够引起人们的兴趣，或者能够引起人们情感的共鸣。

早前，伟大的安妮曾在微博发布过这样一组漫画"对不起，我只过1％的生活"。该漫画一经发布，很快便获得了几十万的转发。其实，只要对这组漫画有所了解的人都知道，伟大的安妮创作这组漫画的初衷是告知广大的粉丝，她将要开始创业做一款漫画 APP 快看漫画。

虽然对伟大的安妮创业之事，网友们有着诸多的争议，但是不能否认的是，伟大的安妮这则微博为她带来了巨大的流量，更是为她初生的"快看漫画"带去了近百万的初始用户。这样庞大的初始用户量是很多初创业团队努力多年也无法做到的。

伟大的安妮这组漫画究竟有着怎样的魅力？让我们从她的漫画中来慢慢品味一下吧。

曾经，你有过一个梦。

2002年，
陈安妮，10岁，喜欢画画。

但那个梦，
一定跟我一样破碎过。

这个世界仍然有 **99%** 的人
不认同，不相信我们。

这一刻，当它还有 **1%** 的光芒时，
请马上，立即，
**捡起它！**

那些，阻止你、不看好你的人当中，
又有几个真正实现了自己的梦想呢？

你成为漫画家的几率
只有 **1%**

　　图文并茂的微博内容，向广大的网友们讲述了一个女孩为了追逐梦想而不断努力的故事。漫画的形式，让人读起来感觉轻松，而漫画的内

容又非常的励志，让人们在观看的过程中，不知不觉就热血沸腾，充满斗志。

这样的微博内容是大家喜欢看的，也是易于被广泛传播的。

伴随着优质内容的不断涌现，越来越多的网红也渐渐意识到了这一点，想要红，必须要有好内容。那么究竟怎样才能成为一个优秀的网红呢？

首先，我们需要搞明白到底什么是网红？

深究起来，网红其实与之前的自媒体、大V、意见领袖乃至更久远一些的博客大咖有着一些共通之处。当前这些网红，不论是在玩视频、写文字还是在秀事业线或者是在晒各种照片，都可以用一种共用的称谓来称呼他们，就是"互联网内容创作者"。

我们不是霍金那样的世界级名人，不能做到触网即红。对于草根来说，怎样才能轻松凭借内容快速走红呢？找准卖点。就像是papi酱，她的原创视频都很短，只有几分钟而已，但是，在这几分钟的短视频中，她的吐槽深入人心，让人很轻易就能生出认同感。比如，日本马桶盖、吐槽男女关系、上海话＋英语、烂片点评、今天我毕业了等。

在大家沉迷于玩小咖秀、迷女主播的时候，papi酱掀起的这股清纯吐槽风，给人耳目一新的感觉，很快便吸引了不少的粉丝。

其次，内容上要有创新。

拿影评领域为例，对于任何人来说，影评都是一个零门槛的领域，但是想要在这个领域做出彩，却并不是一件简单的事。毕竟这个领域的竞争者众多，而且各有风格，或者毒舌、或者蒙太奇，想要在这种激烈的竞争中脱颖而出，很有一些难度。

但是，一名叫作谷阿莫的少年却成功地突出了重围，成为一位影评界的网红。他将文字影评变成有视频剪辑的解说＋不停顿的古怪、蹩脚的台湾腔配乐＋夺人眼球的标题＋一句话高度概括的吐槽。

比如，他这样评价《消失的爱人》，"疯子杀神经病逃回变态身边的故事"。这样的另类评价风格，很有一些当年网友们恶搞《无极》时所发布的"一个馒头引发的血案"的无厘头之感。

创造优质内容是一个手艺活，必须要做到有所长、有所精。比如，写历史的人很多，但是当年明月换了一种方式来写《明朝那些事儿》，带着调侃的语调戏说历史，就这么毫无征兆地火了；关于读书的电视栏目观众寥寥，可是罗振宇的《罗辑思维》却被评点为"有种有趣有料"，成为最火的一档互联网卖书节目。

综合分析这些人的成名之路我们可以发现，他们站在了无数人曾经开拓过的地盘上，只不过，找准了一个曾被他人所忽略的边缘，用最上乘的手艺、匠人的精神，创造出了一种最独特的鲜辣美味来。

成为网红，内容创造是一个重点，更是一个难点。但是，若想要获得成功，就必须要付出更多的心思与努力，知易行难，方可大成。

# 第三章
# 网红经济"钱"景模式分析

　　一个短视频输出者，竟被估值三个亿；宅在家里，就能获得千万的广告代言费用；发布一些优质内容，就能为企业成功造势……

　　随着网红爆发出强大的经济潜能，越来越多的人，开始留意到了互联网时代一个正在兴起的经济模式——网红经济。

## ▶▶▶ 网红涉及的三大经济领域

纵观当前网红所涉及的领域，无外乎这样三个：电子商务领域、视频直播领域以及内容制造领域。接下来，我们就对这三个领域中的网红变现模式以及营销推广模式，进行深入的分析。

### 电子商务领域

在电子商务领域，网红带动经济发展，主要通过这样几种经济模式实现。

◎ 小品牌网红成长模式

一些小企业也可以学习网红，不是说要请网红代言，而是说可以将自己打造成"网红",虽然一夜爆红的机会很小,但是恰当利用一些社交工具再加上富有特色的元素和营销手段,完全可以引发话题、刺激销量。

比如我们在翻阅朋友圈的时候,经常会看到一些微商发布的消息。一位大 V 店主就曾通过直播卖货场景的方式,轻松形成了大量的转化率。

一般说来,真人直播产品的使用场景,更容易让人信任,而且朋友圈之间都是朋友社交,这份信任也就会再深一层,进而很容易达成交易。

无独有偶,最近生鲜电商兴盛,山东省栖霞市西城镇的党委书记为了解决镇里樱桃滞销的问题,与苏宁农村电商合作,亲自做起了直播。这位书记之前并没有什么知名度,但是因为这次直播活动,受到了众多媒体平台的关注报道。

真人真事的真实情景报道,就这样催生了一位网红。

　　这种模式具有非常显著的销售特点，那就是成本不高，内容又很有料，卖点还非常清晰，唯一不足之处就是如果自身知名度不是很大，所取得的效果也是相对有限的。

◎ 新品发布吸粉模式

　　这种模式，一般会被那些拥有较高知名度的人使用。在企业扩大经营过程中，新品发布是常态。网红对新品发布会进行现场直播也已经是一种见怪不怪的宣传营销方式了。使用这种模式进行电商营销，需要考虑不同网红领域参与的效果，当然也可以把要发布的新品作为奖品，奖励给那些踊跃参与活动、积极互动的网友。

　　一组权威数据报告显示，2015 年，国内在线的直播平台已经接近了

200家，网络直播领域的市场规模更是达到了近90亿，网络直播平台的用户数量也已经冲破了2亿。其中，一些大型的直播平台的高峰时段，在线人数更是趋近400万。

这样惹人遐想的数字，无疑吸引了越来越多的人开始关注直播营销领域。一些嗅觉敏锐的商业人士，纷纷将视线瞄准了直播间。

2016年端午节期间，联想CEO杨元庆在映客平台首次直播了"联想Tech World"发布会，在持续5小时的直播过程中，杨元庆亲切地与粉丝互动，吸引在线粉丝的数量达到了200万人。直播过程中，映客CEO奉佑生向杨元庆送出了虚拟的游艇大礼，而杨元庆也从众多的网友中抽取了幸运网友，送出了联想直播中所展示介绍的最新发布手机。杨元庆在映客直播，不仅为联想的新品赢得了大量的关注，还帮助映客很好地做了一次广告。

杨元庆直播联想手机新品发布没有多久，小米CEO雷军，也加入了直播的队伍，邀请王自如一起聊一聊红米3S和红米3X。

与那些草根相比，企业的CEO亲自参与视频直播，显然能够取得更好的宣传营销效果，更有利于引爆爆品，提高销售转化率。

◎ 大品牌网红导购模式

大品牌的网红导购模式，简单说来就是多平台＋多网红＋多产品。大品牌与网红合作，已经不是单纯的新品发布或者卖家秀了，而是要讲究一定的营销策略，制造出大家比较关心的一个话题。网红是营销的主体，电商平台在选择网红的时候，也需要选择那些跟自己的平台风格比较贴合的网红。

如苏宁易购，在 2016 年的 618 大促期间，就玩了一把"红人网购直播间"，很快阅读量就被顶到了数千万。

一大波网红来袭，让电商领域迎来了全新的营销方式。网红与电商的亲密接触，激发出了更多有看头、有趣味的营销内容。比如，YY 男主播毕加索曾直播星球大战机器人，斗鱼女主播冯提莫直播过 ZUK Z2 手机等。电商与网红的深度结合，颠覆了以往的意见领袖引领营销模式。电商们需要做的就是选择那些合适的大 V 进行合作，对自身产品进行对路的推广。在网红不断崛起的时代，电商也宜顺势而为。

## 视频直播领域

视频直播因其视频展示、实时互动的特点为网红提供了更加便捷的展示渠道。秀场直播与游戏直播是视频直播的两大细分领域。

在一些比较热门的主播背后，则大多能够看到经纪公司的身影。常见的经纪公司多是由直播平台上的"公会"脱胎而来。经过一定的商业运作，批量签约与培训出一批优秀的主播，一方面帮助主播提升礼物流水，一方面也为各大视频直播平台输送出新鲜的血液。

视频直播领域为人们提供了一个全新的经济视角，也为更多的网红们提供了一个大展拳脚的平台。还拿网络第一清流 papi 酱为例。2013 年，papi 酱还是一个淘宝达人，在天涯记录着自己的淘宝穿搭日志，短短三年之后，papi 酱已经拥有了近百万的粉丝，变身为 2016 年网络第一红人。

因其原创短视频非常火爆，甚至连一些名人也在争相效仿这种模式。在 2016 年春的巴黎时装周中，知名演员范冰冰都曾开启视频直播。

不论是 papi 酱的走红，还是明星的模式，都很能说明一个问题：网红模式已经成为互联网经济中一种最为重要的经济模式，传统的造星时代已经成为过去。在这个全新的网红时代，年轻时尚的互联网用户更推崇自由、时尚、吐槽、个性与草根。短视频 UGG 的出现以及 4G 网络的发达，更使得这一发展趋势不断加快。

在这个舆论自由、吐槽盛行的时代，那些善于制造话题、创作力丰富、敢于吐槽的网红往往能够受到人们更多的欢迎与喜爱。比如说 papi 酱、王思聪、艾克里里等。他们的吐槽犀利幽默、乐于打破表象，直指人们的内心，不同于那些呈 45 度角拍出的锥子脸网红的"作态"，率性、自然的风格，深受网友追捧。

直播模式已经受到了越来越多人的重视与借鉴，范冰冰在巴黎时装周的时候进行直播就是一个潜在的风向标。尽管范冰冰在第一次直播时显得有一些放不开，但是相比于其他一些刻意保持着女神范儿的女星而言，范冰冰的这次直播无疑是比较成功的。在不到 1 小时的时间内，就为《ELLE》的美拍账户吸粉 10 万。

在游戏圈已经开始泛娱乐化的情形下，视频直播平台上主播们的运营模式几乎已经成为娱乐明星们的一个缩影。在这种情形下，搞清楚视频直播平台有哪些优势与弊端，显得非常重要。

首先，直播平台与短视频 UGG 是不同的。视频直播具有实时播放、真实再现的特点，在内容上基本不能达到先编辑后播出；而短视频则不同，美拍、秒拍等等都是既能够直播又能够进行后期编辑的。papi 酱的视频基本都是在经过后期编辑之后，加入变音、特效等等之后才会变得幽默又搞笑的。

此外，一些直播平台也会根据自身的资源与定位来筛选内容，形成自己的平台特色。比如，战旗就经常签约一些战队、熊猫 TV 则拥有较丰富的明星资源。

网秦天下科技有限公司曾经发布了 2015 年第四季度的财报数据，数据显示，公司之所以能够扭转亏损局面，主要是因为秀色视频直播业务获得了迅猛增长，营收同比增长达到了 557.2%。秀色秀场帮助网秦扭亏为盈的成功，也折射出了视频直播行业的巨大潜能。

其次，内容网红与主播们的玩法略有不同。像我们前面所提到的papi 酱和艾克里里，他们创作的传播内容大多比较接地气，适合大众传播。而视频直播平台的主播，则需要选准自己擅长的领域，在自己擅长的领域内精耕细作，塑造出自己的特色，进而达到吸引用户，增强用户黏性的目的。此外，直播的时间一般较长，大多会持续数小时，所以，即便是视频主播们事前对内容已经进行过熟悉、演练，也难以保证自己自始至终都能表现精彩。换句话说，短视频网红可以挑选内容，而网络主播却只能被动接受内容。因此，相比于那些短视频网红，网络主播想要创新其实并不容易。

最后，与短视频网红相比，视频直播在传播渠道上也受到了一定的限制。拿短视频红人 papi 酱来说，她在微信公众账号、微博账号、B站、秒拍以及爱奇艺等传播平台上都有自己的账号，这些五花八门的账号几乎涵盖了年轻一代所青睐的所有社交平台，这种无差别的覆盖，也让她能够在最大范围内吸引到更多的粉丝。相比于这些短视频网红，网络主播则只能依靠签约平台，而直播平台内容的趋同，也让这个领域的竞争更加激烈。此外，很多主播们往往只能签约一家平台，这也就在一定程度上限制了他的受众。

从以上的分析中，我们不难看出，直播平台并不易于造出社会型网红。但短视频网红的内容创作方式却是值得我们借鉴的。比如网秦的秀色秀场，就是培养主播的差异化模式，努力发掘更加吸人眼球的直播类型。再比如，娱加娱乐。

2013 年，娱加收购了皇族旗下的不少频道，将大部分主播纳入其麾下，随后砸下巨资力推旗下艺人。通过一系列的活动迅速吸引了大量粉丝的关注，从而在用户占有率以及营收方面都取得显著的成绩。

随后，娱加还不断从艺术院校、电子竞技行业、传统娱乐行业以及酒吧等娱乐场合挖掘优秀的内容创作者，扩大自己的主播队伍。此外，还相应地建立了线下工作室，对主播进行专业的培训。

　　2015 年 9 月，娱加顺利斩获了 IDG 资本投入的千万级 A 轮融资，成为国内第一家赢得了资本市场认可的在线秀场娱乐公会。娱乐公会主要由星探部、经纪部与拓展部三个部门组成。星探部负责发掘有潜力的艺人；经纪部负责对艺人进行培训、线上的成长扶持以及线下的包装宣传；拓展部则从线上与线下两个维度，拓展网络主播在直播平台上的商业收入。

　　截至 2015 年底，与娱加合作的艺人已经近万人，签约艺人达到了300 人之多。


　　由娱加的商业化推进模式，我们不难看出，在视频直播领域，视频直播平台与经纪公司的作用不可忽视。对于视频直播平台的主播而言，有着视频平台的包装以及经纪公司的宣传与推广，视频主播才可能被挖掘出更大的商业价值。

## 内容制造领域

说起网红，大家的第一感觉就是网红的力量真的好强大，像电商网红张大奕，一年的销售额已经达到了 5 亿元，像网红第一清流 papi 酱被人称为行走的"三个亿"。

其实，不管是张大奕还是 papi 酱，在最初开始输出内容的时候，都不是一夜爆红的，而是通过他们精心地研磨内容，才最终获得成功的。

每当我们身边有一些新鲜的事物火起来的时候，我们首先要做的不是看到它的火，而是要想一想，它为什么会火。换句话说，你一定要清楚地观察到它的本质是什么？是不是每个人都可能有这样的机会？

细说起来，网红其实并没有什么特别神奇的地方，我们甚至可以将它简单归结为两类事物：一类是自媒体，另一类则是明星。

然而，不管是自媒体还是明星，网红本质上在做的事情无外乎这样三件：内容生产、渠道推广以及粉丝维护。

第一，内容生产，这一点很容易理解。写文章、拍视频，明星们通过唱歌跳舞或者是演节目，而网红则是通过不断地写段子、拍照片、做视频，这些都是内容。只有具有丰富的内容，才能够在互联网上传播。

第二，渠道推广。随着社交时代的到来，当前人们的社交渠道可谓是五花八门，微信、微博等社交平台、腾讯、爱奇艺等视频播放平台、蜻蜓 FM 等音频播放平台、腾讯新闻等资讯平台、贴吧论坛等社区平台……这样众多的渠道，也为网红们提供了更多的营销推广方式。公关、水军以及广告投放等也因此应运而生。

第三，粉丝维护。对粉丝的数量，粉丝的人群分类，粉丝的用户画像或者是粉丝团与社群等进行维护，是网红的必要工作。只有真正拉拢住粉丝，才能让网红获得更多的后援支持。

当然，这只是网红需要做的基本工作，想要成为一个特别优秀的内容网红，还需要掌握这样一些小技巧。

第一，将"个人风格"提升到极致。

最极致的个人风格是什么？对人性的掌控。

在我的实际工作中，我经常会与人接触，而这时候，我经常会做的一件事情，就是仔细观察每一个人说话时的表情。然后根据他的表情、表述方式或者姿态，对这个人进行分析。找到一个自己比较了解的，能够与之相匹配的熟悉人。这个过程，其实就是用户画像。

对于任何一个网红来说，懂得给用户画像都很重要，只有知道了这些用户属于哪一类人，你才可能创造出迎合他们趣味的产品。

第二，用你的专业"操控人性"。

说实话，内容生产是很能锻炼一个人的思维方式的工作，但是，假如你操控得当，你甚至可以利用你的专业"操控人性"。简单说来，就是你只要设置了一个标题、一个游戏标题，做好了一篇内容，就能通过这些内容，很好地窥探出别人的行为。你能够很好地预知有多少用户会来点开你的题目、多少人会转发你的内容、多少人会按照你制定的规则去关注账号、拉票或者是参与活动。

虽然这种做法说起来有一些极端甚至是"变态"，但是，仔细想一想，当你策划一个活动的时候，哪怕是在做一张海报的时候，你都能预测它呈现在大众面前所取得的效果，以及有多少人会因为你的内容而被"洗脑"，或者是对你狂热的崇拜，这无疑是一件非常值得我们骄傲的事情。当然，如果你能够做到这一点，毫无疑问，你已经是一位非常出色的内容网红了。

# ▶▶▶ 网红经济产业链必不可少的"聚—变"环节

网红从一种现象发展成为一种经济模式，有很多重要的环节必不可少。只有这些环节完全具备，形成产业链条，才可能引发出巨大的"聚—变"效应，爆发出巨大的经济潜能。

## 社交平台是网红的流量来源与根基

细究起来，网红经济其实属于粉丝经济的一种。所以，网红经济也就离不开社交平台。各种社交平台以及电商平台相互交错，为网红提供了活跃的舞台，形成了网红经济产业链条中最最重要的"流量聚变"环节，完成了从流量聚集到流量变现的转变。

因为从本质上说，网红经济也是粉丝经济，所以，对广大网红来说，与粉丝建立起情感联系是非常重要的功课。对于网红而言，社交平台是其与粉丝交流互动的主要平台，更是他们吸引粉丝、进行粉丝维护的重要基地。

从广义上说，社交平台涵盖的范围非常广，不仅包括微博、微信等综合类的社交平台，还包括去哪儿、艺龙等垂直类的旅游社交网站。此外，贴吧、豆瓣等社区论坛，优酷、爱奇艺、B站等视频网站，以及斗鱼、YY、映客等直播平台等都是网红们经常会光顾的社交平台。

社交平台之所以能够成为网红的来源与根据地，有着其自身的优势以及时代发展的趋势。随着互联网加速发展，人与人之间交往变得更加简单与便捷，社交变得去中心化，人人都能够凭借着优秀的平台与优质的内容输出成为自媒体。这也为各个领域中草根网红们提供了更加广阔的成长空间。

网红在社交平台上累积大量粉丝资产之后，又可以依托电商平台或者是社交平台将流量变现。

在社交平台中，微博算是弱关系社交的一个代表。但是，即便是这个弱关系平台，也已经成为普通人与各类知名人物、意见领袖交流互动的一个桥梁，更是成为目前不少人气网红的聚集地。同样，通过微博平台所形成的庞大社交关系网络，往往蕴含着难以估量的商业价值。

自从2013年微博与淘宝开始互通账号，阿里巴巴与微博合作以来，微博也渐渐披上了社交电商的外衣。

2014 年 6 月，微博与支付宝联手推出了微博支付，形成了交易的闭环；2015 年 7 月，微博又推出了微博橱窗功能，借助微博内垂直领域达人的知名度对优质商品进行推荐。用户在浏览微博的过程中，看到这些优质的商品，不用跳转到淘宝就能在微博中实现购买。这个功能的推出，极大地提升了交易的转化率。微博也成为中国最早的社交电商基地，孵化出了大量的电商网红。

社交平台除了滋生出了大量的电商网红，同时也催生了不少的内容网红与游戏主播。

相比于电商网红，内容网红在社交平台上变现的难度相对较大。因为其粉丝的特质以及调性更加多元，其变现的方式主要就是依靠广告或者虚拟礼品的打赏。广告变现的方式对一些微博段子手或者是短视频博主比较适用，而打赏以及虚拟礼品则更适用于一些直播类的网红。

与内容网红相比，游戏主播类网红的变现方式则更加的丰富，除了能够接受粉丝赠予的虚拟礼物，还能够通过平台签约或者是自营淘宝店获得更多的收入。

随着移动社交领域的发展，微信、微博等渐渐成为人们社交的主要平台，越来越多的网红开始在自己擅长的垂直领域发展电商，而一大波网红们也在逐渐探索更多的变现方式。

2015 年"双十一"之后，微博电商自媒体第一人龚文祥谈起了网红这个话题，进而在电商圈彻底引爆了网红经济这个概念。从这一次"双十一"大促中，越来越多的人开始注意到，网红店铺在商业变现上的能力非常惊人。综合淘宝全年数据，淘宝 66 女装大促中，排到前十名的有 7 家是网红店，824 秋装上新时，稳居第一名的也是网红店。

网红经济爆发出强大的威力，引来越来越多的人关注。

当然，网红店不是现在才有的，而是早就存在，之所以现在才被人们拿出来研究，很大一部分原因是网红经济从这几年开始变得火热。所以现在，我们很有必要研究一下，在社交电商的风口，网红究竟是如何利用社交平台达成流量的转化与变现的。

说到这里，我们就不得不提一提网红的类型以及网红的前世今生。网红的前世今生，一般有这样几种发展模式。

第一，微博网红。这些网红出身与背景各有不同。可能是小模特、小明星，比如 ALU、NANA 等。也可能是早期微博炫富晒照，靠着炫耀名车、豪宅的白富美受到网友关注，最后开始转型做起了淘宝店。

第二，博客论坛上的一些时尚达人。他们依托着精准的定位，制造一些有价值的内容，持续地输出，进而积累了一大批的追随者与粉丝。比如知名时尚博主腻娃等。

第三，比较个性另类的淘宝卖家。这些淘宝卖家多是发迹于社交媒体，通过爆款、单品、预售、高仿等手段笼络住大量粉丝。这类网红比较典型的有 CC 皮草等。

第四，从生产线上涌现出来的网红店，这种网红一般自带粉丝，比如赵大喜。网红店主赵大喜是一位知名的时尚博主，她每天都会花费大量的时间与精力在微博上与用户交流互动。根据用户的评论与反馈，挑选出最受欢迎的款式进行打版，投产之后正式上架淘宝。这位 2013 年刚刚大学毕业的姑娘，不仅经营着自己的淘宝店，还有着一家 100 多人的工厂店，可以说是名副其实地从生产线上涌现出来的网红。

在这个人与人交往越来越便捷的时代，诸多的社交平台正在产生着大量的社交红利。也正是在这种趋势下，越来越多的网红达人们开始在积累了大量的粉丝之后，积极地寻找流量变现的途径。

服装，这个万古长青的行业，成为网红们最青睐的选择。从最初的采买到后来的自产自销，再到现在的网红孵化产业链条。那些眼光敏锐的网红们成功地将粉丝运营与产品口碑快速匹配，实现了自身强大的商业价值。毫无疑问，在这个背后，社交平台发挥着巨大的作用，社交的黏性与互动催生了巨大的社交红利，同时也有效地辅助了产品与供应链的配合。

## 网红经纪公司，不可少的强大后盾

常言道"酒香也怕巷子深"，即便是那些天生就具备某些才艺或者潜质的网红，如果缺少了网红经纪公司的推动，想要红起来也非常艰难。

一些知名的网红经纪公司，甚至还打出了这样的口号"网红找经纪，品牌找网红"，很显然，这句口号非常清楚地道出了经纪公司对网红发展的重要性。

一般说来，如果网红能够找到合适的经纪公司，也就相当于找到了强大的后盾与公关力量。在某种程度上而言，就能让自己的网红之路变得顺畅许多。比如，Suki。

Suki 中学毕业以后，选择了护理专业，随后，到广州一家医院实习。然而，实习期过之后，Suki 却被安排到了导医的岗位上。导医的工作，就相当于一些大公司的前台。

而 Suki 能够成为网红，就是源于资深媒体人刘浩对她的搭讪。刘浩，主要从事互联网推广，业内人称"刘皇叔"。

2016 年春节过后，刘浩到医院探视病人，无意中发现了大堂导医 Suki，刘浩遂上前搭讪并将自己的手机号码留给了她，问她，想不想做网红。Suki 几乎没有任何犹豫，就答应了刘浩的邀请。

第一次走进直播间，在没有做任何宣传推广的情况下，Suki 便迅速吸引了上万的观众。第一期节目之后，光是她所收获的粉丝打赏就有 1800 多元。半个月后，她就靠着粉丝的打赏搬离了之前的合租房，住进了高档公寓。

当然，想要在直播的时候更加吸引观众，Suki 还需要接受严格的训练。而 Suki 从签约的第一天开始，足足接受了一个月的训练。

网红训练的核心是定位，Suki 是一个天然带着"美女"标签的人，而公司也在积极寻找她的"差异化"。何谓差异化，就是区别于那些锥子脸、翘鼻梁、双眼皮、大眼睛以及露腿露胸的网红，找出她自身的特质。公司给她的定位是具有亲和力的互动，所以，她不仅没有露腿露胸，反而把自己包裹得严严实实。不过，这并没有妨碍她的人气，因为天生丽质以及敢于素颜出镜，观众们很喜欢这个和蔼可亲、举止得体的小美女。

在 Suki 的直播间中，她拥有着近 4 万的粉丝，所聊的话题也多是围绕着工作与生活。Suki 走红，还吸引了周鸿祎的关注，这位"红衣教主"也会偶尔进来直播间与 Suki 聊聊近况，然后送些豪礼鼓励她继续努力。

不仅如此，在 2016 年的 6 月份，Suki 甚至还接到了曾经导演过《还珠格格 1》的导演刘丹的邀请，赴京试镜，她未经彩排直接上戏的演出更是受到了剧组的一致认可。

随着名气的不断提升，Suki 还先后受邀出席了多场线上线下的沙龙与论坛活动，以高端网红的身份现场宣讲网红经济。


Suki 的走红与经纪公司在背后的推动显然是分不开的。如果没有经纪公司的发掘、包装、培训，Suki 可能永远都触及不到网红这个领域，更加不可能成为网络红人，进而拥有了进军演艺圈，乃至参与各种高档沙龙的机会。

当然，网红经纪公司除了能够对网络主播进行包装，还能够对电商

| | | |
|---|---|---|
| 供应链匹配 | 电商运营 | 裂变变现 |
| 品牌广告 | 品牌代言 | 品牌定制 |
| 仓储物流 | 涨粉运营 | 资本通道 |

网红、内容网红等等各领域的网红提供如下服务：

很显然，相当于单个的网红，网红经纪公司对目前的经济环境更为熟悉，操作起来也更加的上手，形成了网红经济产业链条上重要的一个环节。


## 电 商 平 台


网红与电商似乎是八竿子打不着，但是，现在的情况却是，越来越多的网红开始涉足电商，通过电商平台来完成流量的变现。

那么在这里，我们也许会问，到底什么样的网红才适合做电商呢？

伴随着微信的日渐崛起，开放环境下的社交红利已经渐渐式微。由此，对网红的职业素养以及自身条件也提出了更加严格的要求。从零开始打造网红，已经是一件非常高难度的事情。

所以对于电商平台来说，发掘出具有合作潜质的网络红人，才是保证自己营收的基本。

那么优质网红的选择标准到底是什么呢？

第一，个性与颜值。这是一个看脸的时代，同时也是一个个性张扬的时代，在某种程度上说，个性甚至比颜值更重要。毕竟在这个自拍神器泛滥、美图秀秀猖獗的时代，那些美好的形象或许只是存在于镜头中。但是，这些人之所以能红，有一个共同点，那就是具有非常鲜明的个性。

第二，超强的内容输出与互动能力。

就像我们在前文中所说，网红大多需要给自己一个精准的定位，他是超级白富美，还是时尚达人，又或者是搭配专业，超级买手？

找准了网红的定位，看看他们按照自己身份定位输出内容是否有价值，或者是否能够做出专业的视觉表达，是否具备深厚的文字功底等。这些都是网红与用户互动的重要能力之一。我们要相信，网红之所以能够成为网红，不可能一直依赖着幕后代笔，一定是因为他们更擅长在社交媒体上自如地表现。

第三，拥有一定的粉丝基础。

粉丝基础包括粉丝的数量，对网红的信任度以及在社交平台上的活跃度。从这个标准上挑选网红的时候，则需要多关注粉丝的评论数以及评论的内容。一般说来，如果该网红拥有 1 万以上的高质量粉丝，就可以实现较好的流量转化。当然，后续的增长可能会需要口碑的传播或通过宣传推广实现。

第四，粉丝的参与度。

这也是电商平台选择网红的一个重要标准。如果一个网红拥有大量的粉丝，但是粉丝不热情，不参与网红发起的任何活动与互动，不能全情投入，这样的网红也不是电商平台的合适之选。这一点，看一看淘宝店铺中某些明星的惨淡销量就能可见一斑。

构架在社交平台基础之上的社交电商是一门技术活，贩卖更多的是生活与工作的附加值，如果粉丝没有热情，没有温度，没有互动，也就提不上流量转化了。

那么合适的网红究竟在哪里？找到合适的网红其实一点儿都不难，关键是你要能够为其提供丰富的资源扶持以及合适的合作模式，帮助网红取得粉丝流量变现的最大化。

当前，电商网红比较活跃的有：微博微信达人、美丽说达人、蘑菇街达人以及视频类社交媒体上的网红、时尚类社交媒体上的网红等。

电商与网红的合作，也并不是一拍即合就能一帆风顺的。在这中间还存在一个产品与供应链的问题。如果你认为你圈得了粉丝，就赢得了天下，卖什么都不重要了，那么你很可能就会遭到这个行业的无情淘汰。因为粉丝对网红的信任可能只有一次，你欺骗了他们的感情，他们可能就再也不会回头。

而且粉丝由"粉"转"黑"之后，所带来的破坏力也是非常惊人的。俗话说"爱之深责之切"，粉丝爱你有多深，骂你就会有多狠。很多网红店在经历了几次上新之后黯然离场，就是最深刻的教训。

网红虽然具有一定的感召力，但是也不要过度迷信网红的力量。那些在电商平台上能够持续热销的网红店铺，多是在选款、搭配以及性价比方面做得比较出色的。此外，电商平台还可以凭借复购率来判断一家网红店是否具有发展前途，从而快速做出取舍，完善网红经济流量变现的最后一环。

## ▶▶▶ 批量生产的网红孵化器模式

网红从一种现象成为一种经济模式，网红孵化器发挥着不可忽视的作用。尤其是在大量网红开始涉足电商、广告代言等领域的时候，其所爆发出的巨大经济潜能更是刺激着越来越多的网红经纪公司或网红孵化机构开始将目光瞄准挖掘与培养网红上。

市场上的网红孵化机构通过对草根进行培训，再辅以相关的资源支持以及渠道推广，就能达到批量制造网红的目的。

当然，那些能够制造优质内容的网红，或者是个性比较突出的网红，往往并不容易复制，网红孵化器在做的事情，多是对网红的外形以及表演技术进行复制，也就是对那些技术含量比较少的网红进行复制。因此，网红孵化机构或者网红经纪公司也大多选择为电商或者直播领域服务。

虽然网红经纪公司与网红孵化机构对网红的发展有着不可忽视的作用，但是网红经纪公司与网红孵化机构仅仅是对网红进行筛选，并帮助他们理清发展的路线，进行定位，至于网红究竟能走多远，还是由网红自身的悟性以及天赋决定的。

一般说来，网红孵化器大多具备这样三种功能：供应链、代运营、经纪人。

在供应链方面，网红孵化器的作用是帮助网红对接工厂，快速响应网红店铺发起的小批量多批次的诉求；代运营则是指，网红孵化机构可以为网红提供店铺经营以及产品上新方面的支持；经纪人方面则主要是指帮助网红进行社交账号的维护以及宣传推广。

此外，有一些比较优秀的网红孵化机构还会为网红提供大数据分析服务，通过分析粉丝在各社交平台上的数据提前预知产值，做好万全准备。

比如，tophot。

tophot 是国内首个网红孵化器 APP，通过图片、短视频分享等途径，以红人引领、品牌分享、线下活动等多种方式传播出网红的一种时尚态度。

不仅如此，tophot 还凭借着与一线品牌的积极互动、事件营销、星途打造，为网红 IP 的价值变现提供更丰富的指导内容与专业平台。

网红经济所爆发出来的巨大经济效益，不仅催生了越来越多的新兴网红孵化机构，也让越来越多的传统电商公司看到了巨大的商机，纷纷开始了从电商公司到网红孵化器的转型。

纵观当前一些运营比较成功的网红机构，基本都是从淘宝运营店直接转化成网红孵化器的。而且，相比于那些后天崛起的网红孵化机构，这些从淘宝店转型的网红孵化机构更容易受到资本的支持与青睐。他们一般都遵循着这样的发展路线。

第一，快速圈粉，抢先占领电商流量入口。

第二，快速组建产品设计团队以及供应链系统，为网红店的发展提供更多的产品与供应链服务。

与那些新兴的网红孵化机构相比，这些淘宝店直接转化而来的网红孵化机构更多侧重的是协助网红店主进行运营，以及负责与传统的ODM 厂商合作。因为有着丰富的运营经验，他们往往能够敏锐地发现那些网红店在产品与供应链方面的痛点与需求。于是，此类网红孵化机构也渐渐开始上演一场跑马圈地式的疯狂发展。

在传统商业时代，流量入口多是那些一线商圈的店铺，而在互联网高度发达的电商时代，流量的入口则变为了淘宝、天猫等热门搜索。那么，在当今的社交电商时代，最重要的流量入口是什么？虽无定论，但是网红所蕴藏的巨大潜能是不容忽视的。也正是因为如此，一些知名的电商开始将目光瞄准了一些网红达人。比如，知名女装品牌茵曼，就曾签约了一名时尚博主，开始了在网红领域的投资。

毫无疑问，网红在这个过程中发挥着举足轻重的作用，也正是因为如此，越来越多的网络孵化器机构，对于网红的制造与培养也更加重视。很多网红孵化公司在这个过程中经常会提出这样的疑问："网红模式到底能不能批量复制？"

其实，到底能不能批量复制，关键还是要看网红孵化机构是否能够推出更加有影响力的社交红人。这个模式与一些娱乐公司的造星模式趋同。

著名自媒体吴晓波曾经这样提起过粉丝经济，提起粉丝经济，韩国如果认第二，就没人敢认第一。其中就谈到了韩国的造星模式：韩国的经纪公司通过对练习生的大量训练与培训，发掘出有潜力的明星；通过偶像团体式的管理与推广，防止核心成员流失带来不必要的风险；再通过对偶像团队的行为管控，塑造出让粉丝更加疯狂的偶像形象。就是靠着这超级造星模式，韩国打造出了全球最强的明星产业。韩国的造星模式其实就很值得网红孵化公司进行借鉴。

此外，在这个无社交不电商的时代，网红作为新一代的流量入口，其商业价值已经被推到了一个前所未有的高度。

实体书籍或者一些知名自媒体对网红的热炒，也让网红的身价水涨船高。这就在一定程度上造成了一些知名网红在选择合作伙伴的时候，会更加谨慎。网红孵化机构或者网红经纪公司想要实现双方价值的最大化，就需要拿出具有说服力的方案。

　　在这个社交电商时代，网红孵化机构若是能够创造出那些知名度的网红或者与那些知名度较高的网红达成合作，就有利于快速形成商业链条，创造出最大的商业价值。

# 第四章
# 网红直播平台的发展现状

伴随着网红经济成为当前最重要的一种经济模式，各种类型的网红也如同雨后春笋一般涌现出来。其中，视频直播领域涌现出的有价值的网红相对而言更多。在这个领域，草根网红与知名网红同台竞技，明星网红与新兴网红一较高低。在直播这个充满了巨大商业价值的领域，其发展现状也是值得我们研究与深思的。

### ▶▶▶ 直播的类型更加多样化

视频直播平台最早起源于 PC 端的秀场，比如说 YY、9158、六间房等。后来，斗鱼、虎牙、熊猫等游戏平台也开始引进直播的方式，促进了游戏直播平台的快速发展。现在，花椒、映客等移动直播平台也异常火爆。

据权威部门统计，截至目前，国内的直播平台大约有 119 家，直播平台的类型更是呈多元化发展，但其主要便是以上三类。近些年，这三类视频直播平台呈现出如下发展特点。

第一类，秀场直播。以 YY、9158 以及六间房为代表。该类直播平台占全部秀场主播比例的 60%，主要是从 PC 端的传统秀场演化而来，其进入的门槛极低，并且同质化的程度也很高，这就导致了粉丝的黏性很低，很多粉丝不会非常依赖和痴迷某个主播。

第二类，游戏直播。典型的代表就是斗鱼、虎牙与熊猫等游戏平台。该类直播平台，在游戏平台中的占比为 15.13%。进一步细分的话，又可以分为手游直播与竞技类游戏直播。相比于秀场直播，游戏直播的内容具有独创性的特点，所以，其未来发展的潜力也是不可估量的。

第三类，垂直领域的直播。所谓垂直领域的直播，则主要是指对某个专业、细分领域的直播，比如说关于财经类、美妆类或者是旅游类等涉及人们生活细分领域的直播。

当前，国内这些直播平台发展得似乎是一片火热，然而，实际上，各类直播平台的发展情况却不似表象那般繁荣。

我们以游戏直播平台为例。2016 年，虎牙斥资一亿元签约了电竞女神 Miss。可是在 2015 年的时候，该电竞女神的身价其实只有 1700 万。很显然，在资本的不断推动下，主播的身价是一路飙升，上涨了 40%～150% 都不止。

伴随着视频直播身价的不断飙升，一个问题也渐渐开始困扰直播平台。这就是直播平台依然无法实现盈利，仍旧需要依靠融资来维系平台的运营，而另一方面，主播的身价却是如同吹气球一样，日益膨胀，这也让主播成为直播平台的一把双刃剑。直播平台的泡沫已经越来越大。

其实，这个现象并不难解释。纵观互联网经济的发展历程，每当有大量的热钱涌入某个行业的时候，资本的口袋就会逐渐收紧，单单想要靠砸钱来维系平台的运营，最终也难逃被重新洗牌的命运。

举个例子，在 2013 年的时候，市场上的团购网站超过了 500 家，但是当这个行业的竞争越来越激烈，被重新洗牌之后，留存下来的仅有美团、糯米与大众点评。就算是这三家团购网站，还需要背靠 BAT 这三棵大树。在 2015 年的时候，O2O 非常火，然而资本市场的一轮筛选之后，能够存活下来的也不过寥寥几家而已。

如今，历史再一次上演，网络直播平台的发展路线与之前的团购、O2O 也是颇有几分相像。

那么，在视频直播这个行业，在资本洗牌过后，谁可能会成为最终的幸存者呢？

一些业内专家分析，从目前直播平台的现状来看，最终能够收割胜利果实的直播平台不会超过五家，能够胜出的平台，很可能就是那些有着多年经验积累的老牌直播平台，比如说 YY、9158 等。

为什么这么说呢？我们不妨来看一看，当下最火热的一些独立直播平台的发展现状。当前，像映客、斗鱼等这样比较热门的独立平台虽然吸引了不少千万级别的投资，但他们在商业模式上却仍旧属于探索期，并没有明确的商业发展模式。换句话说，他们并没有明确的盈利模式。

在知乎这个专业的平台上，曾有人为这些直播平台算了一笔精细账：第一期融资要达到 2000 万元，组建不少于 20 个人的专业团队，在三个月内上线产品，在半年内累积五万人在线，然后进行不低于一亿元的第二轮融资，这个直播平台才可能有机会在该领域存活下来。

按照这位人士的计算，我们可以发现，大多数直播平台在初期融资的时候，可能能够拿到千万级别的融资，如果运气不错，在半年后也许能够圈得五万在线用户。然而，其第二轮是否能够拿到一亿元的融资，或者是拿到融资之后是否能够存活下去，仍是未知之数。

反观9158与YY旗下的各类产品，虽然还没有完全站在金字塔尖，但是这两家企业的实力却是不容忽视的。毕竟在众多的直播平台中，也仅仅只有YY与9158是成功上市的公司。作为网络直播商业模式的引领者，YY和9158上线之后就曾引起了众多竞争者的争相效仿，后起之秀虽然众多，但是YY与9158的老大哥地位短时间内却是无人可以撼动的。

不仅如此，9158还准备在喵播、水晶直播等重点推介项目上投入3亿元的资金，以期望打造出自己的拳头产品。众所周知，直播是一个非常烧钱的行业，而作为上市公司的9158推介一个重点项目就豪掷3亿元，这无疑将会加大直播平台的竞争难度。

与此同时，从YY中剥离出来的虎牙直播也公布了自己在2015年4个季度中的营收，营收额分别为5500万元、8530万元、8240万元、1.336亿元。在创造出了不俗营收的同时，YY每年还会支付给主播、频道所有者以及内容提供商运营费用及内容成本近10亿元。在2015年，该项支出更是达到了23亿。当移动直播市场开始火热发展的同时，YY也开始将目光瞄准了移动直播市场，有消息称，在2016年，YY会投入数亿资本到移动直播市场。

很显然，动辄便是上亿的资本投入，这已经不是一些初生的直播平台能够玩得起的了。当资本的口袋开始不断收紧的时候，一些根基不足的初创业公司就很难承受这种资本之重。绝大多数中小直播

平台也只能沦落为资本市场重新洗牌的牺牲品。

当然，BAT这些商业巨头以及一些明星也试图参与进来，但是，他们的身份可能仅仅只是投资者，一旦直播经济热度消退，化为经济泡沫，承受风险的依旧是平台本身。

对于直播平台来讲，单纯的投入资本或者是依靠挖墙脚，已经不是长久之计。在直播这个行业被持续热炒的同时，不少直播平台其实已经陷入了运营的僵局，举步维艰。就算一些直播平台有着互联网巨头撑腰，但是我们也需要清楚，BAT巨头自己也在做直播平台，他们对你的投资极大可能不过是分开篮子放鸡蛋而已。一旦你的处境不妙，它们很可能迅速撤资。

分析到这里，我们不难得出这样的结论。在未来，那些能够存活下来的直播平台，一定是在这个领域有着丰富经验，且能够精耕细作的行家。它们拥有着成熟的盈利模式，以及众多经验积累，在这场没有硝烟的混战中，它们将会占据更多的优势。

# ▶▶▶ 直播平台成资本市场新宠

投中研究院曾对直播平台的资本投资情况进行过统计，结果显示，截至目前，已经有近 53.7％的直播平台成功获得了融资，直播平台正在以一种狂风扫落叶之势席卷整个资本市场，成为资本市场的新宠。

比如，乐视体投与未名资本向 17 投入了 1.5 亿元的 B 轮融资；安芙兰创投、梅花天使创投、创新谷等对果酱直播注入了百万 A 轮融资；昆仑万维对映客进行了 6800 万元的 A＋轮融资。与此同时，很多互联网巨头也开始推出自己的直播平台，比如奇虎 360 推出了花椒直播、网易则推出了 BOBO 直播等。

| 序号 | 名称 | 投资时间 | 投资机构 | 轮次 | 融资金额 | 币种 |
|---|---|---|---|---|---|---|
| 1 | ULOOK TV | —— | IDG | 天使轮 | 数百万 | 美元 |
| 2 | Bang 直播 | 2016－5－21 | 未知 | A＋轮 | 数千万 | 人民币 |
| 3 | 野马现场 | 2016－5－7 | 明嘉资本 | A 轮 | 数千万 | 人民币 |
| 4 | 17 | 2016－5－5 | L 乐视体投、未名资本 | B 轮 | 15000 万 | 人民币 |
| 5 | 易直播 | 2016－3－24 | 未知 | A 轮 | 6000 万 | 人民币 |
| 6 | 触手 TV | 2016－4－28 | 国内 A 股某上市公司 | —— | 2000 万 | 美元 |

| 序号 | 名称 | 投资时间 | 投资机构 | 轮次 | 融资金额 | 币种 |
|------|------|----------|----------|------|----------|------|
| 7 | 呱呱视频 | 2016-5-3 | 光线传媒 | 并购 | 13100 万 | 人民币 |
| 8 | 果酱直播 | 2016-3-16 | 安芙兰创投、梅花天使创投、创新谷 | Pre-A 轮 | 数百万 | 人民币 |
| 9 | 知名财经 | 2016-3-22 | 欢聚时代 | 战略投资 | 100000 万 | 人民币 |
| 10 | 映客 | 2016-1-17 | 昆仑万维 | A+轮 | 6800 万 | 人民币 |

（部分直播平台融资情况）

我们通过对直播平台投融资情况进行分析，可以发现，直播平台的投资者主要有这样三个来源。

第一，各大投资机构。在投中研究院发布的相关数据中，涉及的投资机构达到了 67 家，其中就包括 IDG、红杉投资中国、启明创投以及紫辉创投等较为知名的投资机构。

在这些投资机构中，又属 IDG 的投资行为最为成熟。早在 2008 年，IDG 就曾投资过 PC 端的秀场直播 9158，随后又投资了垂直直播领域中专注于做体育直播的章鱼 TV，弹幕直播的 B 站，以及电视直播的风云直播、专注于泛娱乐的 ULOOK TV，甚至是以提供技术服务为主的 V 直播。对于其中比较具有发展潜力的章鱼 TV、B 站与 V 直播，IDG 投资机构还进行了后续的融资跟进。

第二，上市公司。这些上市公司主要就是那些活跃在互联网领域的商业巨头，如百度、腾讯、奇虎 360、京东以及欢聚时代等。

第三，独立的天使投资人。如赵宝刚、李笑来、王刚等。

就像我们在前面章节中所说的那样，直播已经成为当前资本市场的新宠，一些直播平台为此不惜花高价签下一些拥有大量粉丝基础的优质女主播。此外，各大直播平台之间也开始不择手段、不计成本地相互挖角。毫无疑问，这又开启了新一轮的残酷竞争。

当前，直播平台的竞争，已经非常鲜明地表现在了资本竞争上。一些实力雄厚的企业已经开始紧锣密鼓地布局自己的视频直播平台。

伴随着新生力量与旧有霸主相继推出自己的视频直播平台，这个看似已经饱和的市场却并没有因此对投资者关上大门。

拥有着不同基因、不同优势的互联网巨头企业凭借着自己的特长，在直播平台上杀出了一条血路。


# 一、猎豹"头牌"，抢占全球视频直播

作为互联网行业的巨头，当网红经济来袭之时，猎豹再一次站在了短视频的大风口，网红经济的价值也得到了猎豹的深度关注。为适应形势的发展，猎豹移动以面向全球为热点，推出了"头牌"APP。

作为首个面向全球的网红短视频应用，"头牌"这个 APP 平台上聚合了全球最受欢迎、最好玩的网红短视频。而且，头牌还能根据用户的个人喜好，对用户进行长尾内容的精准推荐。

与秒拍、美拍相比，在"头牌"上，用户不仅仅能够观看、分享网络上最热门的网红短视频，自己还可也参与进去。此外，"头牌"
APP 的功能比较完善，其中包括上头牌、红人榜、翻牌、盖楼、分享、
发现等功能。

通过猎豹移动，网红们可以获得强大流量推广，迅速找到与自己
匹配的用户，取得最大化的利益；而用户在被猎豹移动精准画像之后，
也可能会获得更符合自己喜好的短视频内容。

相比于其他的视频直播平台，猎豹拥有全球化的优势，在未来，
通过不断地导入流量，将全世界的网红会集到一起，就能满足不同用
户的个性化需求，前途不可限量。


## 二、腾讯"QQ 空间"短视频直播

在小米 MAX 发布期间，曾请来明星乔杉在 QQ 空间开启直播模
式，同时观看的人数高达 1140 万人，成绩惊人。

这一事件充分说明，QQ 空间拥有庞大的用户基础，是短视频直播
丰富的土壤。依托着 QQ 强大的社交属性，QQ 空间发展成为直播平台
也不是不可能的事情。

脸书创始人扎克伯格曾这样说："直播是一种分享方式，一对一的
直播就是视频聊天，一对多和多对多的直播，就是 Live。"直播平台所
带有的天然社交属性，也让腾讯的两大主力军 QQ 与微信，有了进军
直播平台的底气。

### 三、微博，最受欢迎的直播平台

微博与秒拍联手推出一直播，正式涉足直播领域。凭借着明星与名人的助阵，微博直播有望杀出重围，成为视频直播平台的新宠。据统计，明星直播在微博上的观看总量已经超过了 1 亿次。

明星效应是这些移动直播应用成功吸引用户的关键。比如，不少的移动直播平台就曾请过李晨、王宝强、颜丹晨等娱乐明星参与直播。著名歌手林俊杰甚至还开通了一档直播类的节目。

通过视频直播，粉丝更好地走进了明星的生活，并且能够与自己喜欢的明星进行实时互动，因而这一模式也受到了不少粉丝的追捧。因此，不少平台都在挖空心思邀请明星参与到直播当中来，以期达到吸引用户、凝聚人气的目的。

各大互联网巨头们相继投入到视频直播平台的怀抱，这充分地说明了一个问题，视频直播已经成为社交红利时代吸引粉丝、凝聚人气以及流量变现的一种全新方式。随着视频直播平台的不断发展，这一模式也必将会成为资本市场的新宠。

# ▶▶▶ 视频 + 直播正在成为明星新的宣传手段

随着网红经济爆发出巨大的经济潜力，越来越多的明星也开始重视起网络宣传的巨大威力，开始在视频平台玩起了直播。

视频＋直播正在成为不少明星新的宣传手段，越来越多的明星们也开始参与到视频直播的狂欢中来。如 Angelababy 就曾签约成为熊猫 TV 的主播，贾乃亮在一直播中与宋仲基对话创下了近 200 万人同时在线观看的纪录；国际巨星巩俐在戛纳接受专访时使用美拍进行了直播，在不到五十分钟的时间内点赞数量超过千万。

当然，与那些通过视频直播来创造价值的普通网红相比，明星网红主要是将视频直播平台当成是一种自我宣传的手段，明星们通过视频直播的方式，能够扩大自己的知名度，进而吸引到更多的粉丝。

小米直播、腾讯直播接连上线，接着手机淘宝也迅速地推出了"淘宝直播"，就连中国最大的社交门户网站新浪微博也携手秒拍推出了移动直播应用 APP "一直播"。毫不夸张地说，目前直播视频平台的火爆程度已经超乎了我们的想象。不只有互联网巨头、明星以及资本的疯狂追捧，就算是普通人，手机上也开始安装上各种不同的直播 APP。

视频直播平台从一开始的默默无闻到现在的火爆半个中国，并不

是没有原因的，而是有着很多让用户着迷的关键因素。

首先，社交属性。

视频直播的社交属性主要表现在，主播与观众的互动上，作为主播，在视频的过程中不能光顾着自己的"表演"而对观众不理不睬，要对观众的提问及时地给予回应，收到礼物也应该立即表达自己的感激。此外，当用户提出一些不是太过分的要求时，主播也要尽量地满足对方。视频直播平台这种社交的属性，极大地缓解了用户单调面对移动设备时的空虚与孤独。这种弹幕式即时聊天的方式，所有的用户都能平等地参与进来，就像是在集体开 Party，更符合年轻人的生活习惯，也让他们更乐于参与。

其次，让人感觉更真实。

人们在看直播的时候，看到那些高颜值的男女主播，往往会感觉对方离自己很近，除了不能伸手触摸到以外，其他的互动方式都可以实现。此外，除了可以跟自己心仪的男神女神亲密互动以外，主播们所处的生活场景，也会让观众们产生一种身临其境之感。

再次，满足了人们的窥私欲。

直播领域鱼龙混杂，种种乱象也助推视频直播更加火热。目前的直播平台有不少就是靠着主播发起一些私密话题累积下第一批用户的。

最后，满足了人们的猎奇性。

视频直播的内容往往都会富有一些猎奇的意味，跟随着主播去体验一些平时没有时间，也没有机会去做的事情。如很多人选择观看直播吃新奇美食或者是直播旅行这类节目，就是出于这个原因。

综合上述，我们不难发现，直播的本质说到底就是视频社交。从早期的 BBS，到后来的猫扑、豆瓣、天涯和贴吧，再到现在的直播，网友之间的互动也从之前单纯的文字发展到了现在的图片、视频乃至现在的现场直播，网络的互动完成了从二维到三维的历史性跨越。所以，视频直播的火爆与其能够满足人们更深层次的社交需求有着极大的关系。

除了常见的一些视频直播平台，微博也渐渐成为明星们比较青睐的直播工具。李冰冰、黄晓明、周迅、蒋欣等都曾在微博进行过直播。

对于明星来说，微博的作用不仅仅是互动，更是其宣传推广的重要手段。绝大多数明星都会在微博上拥有强大的粉丝团，而微博则为明星与粉丝提供更加丰富多彩的互动方式。借助着微博这个宣传推广阵地，明星的个人影响力得以快速扩张，这也让明星对微博更加喜爱。通过微博直播，明星与粉丝的互动变得更加简单，而弹幕对话、赠送礼物以及打赏等互动方式，也进一步拉近了粉丝与明星的距离。

在多个视频直播平台横行的时代，微博平台凭借着其综合社交的优势，让明星感觉到了更大的价值。而借助着明星效应，微博也有望快速积累用户与人气，迅速在直播领域中杀出一番天地。

# 第五章
# 网红经济的六大变现渠道

　　网红市场具备着巨大的经济价值，这也让不少人瞄准了这一潜力无限的领域。通常，网红变现的渠道主要有六种，广告、电商、打赏（虚拟礼物）、平台化、艺人化、IP产业化。

### ▶▶▶ 广告，最初始的变现模式

当 papi 酱的刷屏广告拍出 2200 万元的天价时，很多人震惊了。网红，真的具有这么大的经济价值吗？的确，伴随着网红时代的到来，广告主的目光也已经渐渐从之前的明星名人身上转移到了性价比更高的网红身上。

越来越多的网红开始受到广告主的青睐，成为广告主的重点投放对象。而通过广告这种模式，网红也快速获得了名利双收。比如澳洲就有一户人家，一家五口都是网红。因为喜欢冲浪，他们将冲浪的视频发布到网上，闲着没事就去冲个浪，随便发布的自拍都能瞬间有上千个点赞，这五个少男少女身体好颜值高，拥有着数十万的粉丝，每天生活得恣意潇洒，不用工作，而其日常的生活费用由赞助商全包。

为什么网红会受到诸多广告主的青睐？在网红身上投放大量广告费

的效果究竟如何呢？网红经济究竟是不是一种虚假繁荣？

关于这些问题最有发言权的无疑就是广告主，一位有过几次成功投放经验的广告主曾这样讲起自己的观点。

通过搜集各个渠道的数据与反应，我对为什么投放大号，做出了这样的总结。

首先，在大号进行软文投放，更有利于突破微信的孤岛效应。从目前来看，微信营销的手段只有朋友圈的广告推广以及微信大号的投放。而后者因为辐射面广，也更受各大品牌商的重视，其价格也是一路水涨船高。

其次，网红具有特定化的粉丝群体，人格化的 IP，能够将内容与广告进行有机的结合，产生强大的网红效应。网红有情感、有态度，感染力会更高，投放在网红身上的广告要比投在传统渠道上的广告曝光率更高。而且粉丝对于网红在直播时巧妙植入的广告并不反感，甚至还很乐意传播。

从上述专业人士的分析中我们不难看出，广告商对网红的情有独钟并不是没有原因的。而网红通过广告变现这一方式，也能有不错的经济收入。网红通过广告变现究竟能够收获多少钱？这并没有具体的答案。

虽然之前已经有 papi 酱广告拍出几千万的例子，但是相对于所有网红而言，papi 酱的例子却并不具有典型的代表性。

最具代表性的当属薛之谦与咪蒙。薛之谦目前的微博粉丝数量超过了 3000 万，而咪蒙的微信粉丝数量则为 250 万。在这个微信盛行的时代，微信粉丝显然要更值钱，投咪蒙的广告价值要高于投薛之谦。

但薛之谦乃是名人，其独有的搞笑技能与明星效应，微博粉丝的活跃度很可能会超越其他一些拥有千万粉丝的微博大号。其中，一些广告类长图文微博的转发、评论、点赞的总和经常突破 20 万，阅读量更是经常高达千万。

而咪蒙也曾自曝，其广告软文的阅读量经常能够破百万，就算是阅读量较少的，也能够破 50 万。据业内相关数据统计，在阅读总量上，虽然有一些公众号能够超过咪蒙，但在平均单条阅读量上则很少有公众号能够超越咪蒙。

咪蒙与薛之谦代表了两种广告平台，在报价上，二者几乎是持平的。目前二者的报价基本都是 30 万/条，而且这个价格基本是没有什么折扣的。

自 2016 年 3 月份以来，薛之谦发布了 15 个广告，预计广告收入将能达到 400 万。其中仅仅 3 月份，薛之谦便发布了 9 个广告，发布广告的频率为 2~3 个/周。

很显然，微博广告的收入已经成为薛之谦广告收入的重要组成部分。就连薛之谦自己也承认："稍微赚了点钱吧，算是一份保底的收入。"

咪蒙自 2016 年 3 月以来，一共发布了 13 个广告，预计收入也逼近 400 万。咪蒙一般是每周发布 5 篇长文，周末则是发送两个图，是一个非常敬业的微信大号。在每周的 5 篇文章中，其中约有 2 篇会是广告。如 3 月份广告的总数就是 8 个。可见，咪蒙在发送广告方面还是很谨慎的，尽量不去骚扰自己的读者。

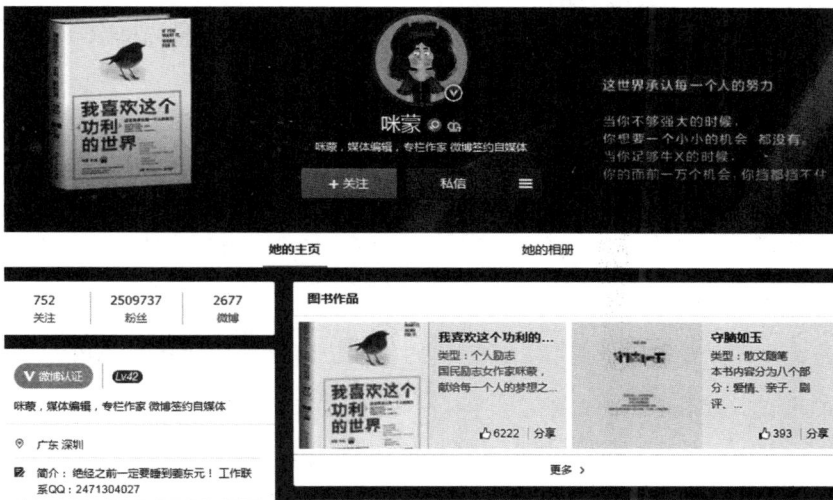

在软文推送的质量上，咪蒙也要略高一筹，这与咪蒙的专业性有关，咪蒙对于每一篇软文都会花费较多的时间来写，而薛之谦在对广告推送还不熟悉的时候，所花费的时间是两个小时，较熟练之后则是一个小时。

当然，广告商选择网红来为产品宣传，自然也是看中了网红能够给自身带来的广告效果。

比如，洋码头 APP。

洋码头 APP 于 2016 年 3 月 16 日在薛之谦的微博投放了广告，转发量 6.3 万，评论 10.7 万、点赞 47 万，点赞评总量达到了 60 多万。在百度指数上也有很明显的反应，在 3 月 17 日出现了高峰，微指数的拉升也非常明显。不仅曝光率极大地提高了，APP 的下载量也开始猛增，在短时期内获得了不少的新用户。在应用雷达上，AppStore 中洋码头的排名在 3 月 17 日冲到了免费下载榜总榜的第一名。

很显然，在洋码头 APP 用户增长的过程中，薛之谦的微博推广起到了一定的作用。当然，洋码头并非单独投放了薛之谦的微博广告，而是通过薛之谦为其活动"洋货大爆炸"做宣传。在该活动中，洋码头为用户提供了不少的特价商品，活动的力度加上薛之谦的宣传为 APP 下载的增长贡献了不小的力量。

目前的购物 APP 想要获得新的用户，所需要付出的成本往往很高，相较于在各家应用商店砸下重资推广，投给薛之谦 30 万元实在是不算什么。由此我们也不难得出这样的结论，对那些需要烧钱推广的购物 APP 而言，投网红还是比较划算的。

同样，海淘的小红书 APP 则选择了在咪蒙身上投放广告。

2016 年 3 月 8 日，小红书 APP 由咪蒙投过一次广告，当时的阅读量为 110 万，点赞数为 2868。时隔一个月后，小红书 APP 又由咪蒙投了一次，尽管这一次的效果似乎不如第一次，但小红书肯来投第二次也是充分肯定了咪蒙带给它们的用户增长。

很显然，广告主选择网红进行广告投放，一方面，广告主获得了比较满意的投放效果，另一方面，网红也获得了不错的收益。这是一场双赢的合作，故而，这一变现模式也受到了不少广告主与网红的追捧。

## ▶▶▶ 电商，最有利的变现渠道

随着网红逐渐爆发出巨大的经济潜能，越来越多的人开始将目光瞄准了网红这个领域，并通过电商平台，加速了网红经济的变现。

比如说电商网红张大奕。在 2015 年 7 月底，张大奕又一轮新品上架的时候，首批 5000 多件商品在短短 2 秒之内就被抢购一空，所有的新品基本在三天之内就会售罄。换句话说，这位网红店主在几天之内的销售量堪比普通线下实体店一年的销量。

网红电商的兴起，让网红看到了一条全新的变现渠道，越来越多的网络红人在积累了大量粉丝之后，开始尝试从社交网红到电商网红的转型。

然而，电商网红逐渐兴起的同时也面临着诸多的发展瓶颈。比如，缺乏规范的管理团队、粉丝经济过于单一、缺乏供应链支持等。在谈及电商网红的发展时，艾媒咨询 CEO 张毅这样说："网络红人只是一个催化剂，能够使个人品牌在短时间内获得广泛的关注以及较高的购买率。但如何长期有效地维系品牌的知名度，则需要团队协作运营。这个工作，任重而道远。”

关于网红电商的品牌建设，很显然不是一朝一夕就能实现的。需要网红店主多花费一些心思，多学习一下那些比较知名的网红店主的运营经验。

比如知名网红张大奕就很善于利用自己网红的身份与粉丝互动，进一步扩大粉丝的网络购买力。

张大奕的官微上有粉丝 500 多万。2014 年 5 月，她在淘宝开了一家自己的店铺"吾欢喜的衣橱"，上线还不到一年，她便将店铺做成了四皇冠。

在开淘宝店之前，张大奕是一名模特，不仅曾经上过《瑞丽》时尚杂志，还曾多次出现在《米娜》《昕薇》等时尚杂志内页之中。

因为职业关系，张大奕经常会在微博分享自己的一些搭配经验与心得，受到不少粉丝的追捧。后来网络上经常会出现"张大奕同款"的服饰，这让张大奕萌生了自己开店的念头。

张大奕的淘宝店刚刚开张的时候，她的微博粉丝只有二十几万，如今已经达到了五百多万。因其职业的缘故，张大奕具有很好的时尚感，经常能够从大牌服饰中汲取灵感，为普通的女孩圆美丽的梦。张大奕的淘宝店最初实行的是买手制，发展到现在已经是自建工厂，打版生产，极大程度地保证了产品的高品质与差异性。

对于这些网红店铺而言，一旦它们获得了粉丝的承认，就能爆发出非常巨大的经济效益。就像张大奕的店铺，其复购率几乎达到了100%。

从张大奕的淘宝店铺运营经验中，我们不难得出这样的结论：供应链的关系以及团队的规模可能比较小，店铺上新的速度与同类竞争对手相比也较慢，然而，顾客的购买能力很强。张大奕花费在营销上的时间比例较大，大部分时间是与粉丝的互动与沟通，自有流量较多，不少粉丝都是直接从官微进入了淘宝店铺购买。

网红店主在开淘宝店之前所积累下的粉丝与人气，对于流量变现有着不可忽视的作用。与传统的淘宝店铺相比，网红们更看重与粉丝的互动。而且网红们自带流量的天然优势，让网红店铺的销量非常让人羡慕。如在2015年的618大促中，销量前10的淘宝女装店铺中，7家都是网红店铺。在网红店铺中，甚至还有开店仅仅两个月就做到5钻的奇迹店铺。

据相关数据显示，在淘宝平台上网红店铺已经逾千家，其中红人店铺中的女性用户则占到了71%，用户年龄分布在18到29岁之间，范围涵盖了北京、上海、杭州等一线城市。网红店铺动辄以亿计的交易额背后所爆发的是上百万量级的粉丝力量。

网红电商所崭露出的惊人经济潜力，催生了越来越多的"网红"孵化公司。在淘宝的平台上，就出现了以莉家与榴莲家为典型的专业网红孵化公司。

专业网红孵化公司与网红各自有着需要负责的内容。网红负责与粉丝的日常沟通，向他们推介产品，而孵化公司则需要集中精力搞好店铺的日常运营以及供应链建设。

网红孵化公司的介入，让网红电商变现的方式开始变得规模化、明确化，甚至已经形成了一条比较清楚的网红运营流水线。从最初的入驻，到后来的淘宝大数据分析，再到雇佣专业的运营团队，网红孵化公司给了那些新晋网红扩张粉丝群体的机会，同时也很好地解决了网红店铺存在的供应链问题。

谈起目前的电商网红变现模式，莉家 CEO 冯敏表示现在的网红电商尚处于发展的初始阶段，在未来，网红电商将会出现更多的参与者，"钱途"不可限量。目前，网络红人与网红孵化公司强强合作的模式，已经爆发出了惊人的威力。莉家因为手握一些知名的网红资源，甚至还吸引到了不少风投的关注。

对于网红店铺而言，淘宝生态体系所提供的强大数据分析能力，也是其在淘宝发展电商的一个重要方面。凭借着淘宝大数据的有力支持，网红们就能够通过销售情况及时地获悉粉丝的喜好，比如，通过观看图片的流量导入情况，以及流量导入之后的动作变化，购买转化率等，网红们就能更好地在社交平台上进行精准定位，优化推广计划。

网红、网红孵化公司以及电商平台三方共同运作，挖掘出了一条全新的网红变现模式，也让更多的企业以及创业人士发现了新的商机。

## ▶▶▶ 打赏或虚拟礼物，不可忽视的星星之火

2016 年 7 月 11 日，号称网红第一清流的 papi 酱开启了自己的首场直播。国内诸多的视频直播平台，诸如一直播、熊猫 TV、美拍、斗鱼直播、花椒直播、今日头条、优酷直播、百度视频等平台同步直播 papi 酱的首秀。

短短一个半小时的直播，papi 酱收到的网友礼物打赏价值达到 90 万，点赞数量更是超过了 1.13 亿，全网同时在线人数破 2000 万，成为名副其实的招牌主播。

一个半小时的直播，获得价值 90 万的打赏是什么概念？有网友举了一个非常形象的例子：90 万就相当于 60 万个肉包子，以每天早上吃 4 个算，够一个人吃 400 多年！就算再加上 2 个茶叶蛋和 1 碗粥，都够吃 200 年。

这个比喻虽然简单粗暴，但是却很能说明，这 90 万打赏对于一个普通人而言意味着什么。然而对于网红，这却是非常容易就能实现的事情。

自从网红问世以来，打赏与虚拟礼物，就是网红变现最重要的一种手段。

对于不了解网络文学的人而言，提起耳根，可能并不是熟悉。然而对那些经常浏览网文，研究网文的人来说，这个名字可谓是如雷贯耳。在网文的世界中，粉丝们都会热情地称呼他为"耳大"。耳根自 2009 年开始在起点中文网连载作品，其作品充满正能量，阳光励志，其作品《仙逆》目前在起点中文网的点击已经超过了 4000 万次，收藏超过 50 万人。此后，耳根还创作了《求魔》《我欲封天》等作品，这些作品相继都登上了百度小说风云榜的前三名。

2014 年底，第九届中国网络作家富豪榜出炉，耳根以 2500 万版税名列第四。2015 年，其作品《我欲封天》又连续在年中四个月中蝉联福布斯中国原创风云榜月票榜男性作品的榜首。在《我欲封天》连载期间，还诞生了起点中文网有史以来为数不多的黄金百万盟读者，即单个读者对单部作品打赏超过 100 万元。

耳根作为网络文学界的知名作者，在网文界拥有着极高的知名度。其每部作品发布之后，都会有不少的粉丝前来捧场，动辄上万的打赏，也成为他新书公众期不小的收入来源。

不论是网络红人 papi 酱还是网文红人耳根，打赏都已经成为他们变现的一种重要途径。

由此，打赏变现也被越来越多的网红公司所重视。一些网红孵化公司逐渐重视起品牌的建设，将个人 IP 的打造当成了一门生意，然后再研究盈利的模式。在网红界，网红又被分为了"自然网红"与"签约网红"。自然网红主要是通过线上交流、现下互动的方式获得经济收益，而后者则主要是通过广告、交易与虚拟增值。

在这两种方式之外，打赏变现所爆发出的潜力也同样不容忽视。一位业内人士在谈及打赏变现时，这样说："打赏成了直播网红直接和主要的收入来源，这部分收入直播平台会参与分成，分成情况则会视平台是否为主播提供底薪等因素而定。"

某直播平台的一位女主播就曾曝内幕，她主要是通过唱歌、跳舞等方式与粉丝进行互动，由此来获得粉丝的"打赏"。收入较高的时候，她每月拿到的打赏分成可以达到上万元。当然，并不是所有的网红都能获得高额的打赏，也有一些网红因为人气不高，或者其他种种原因，打赏收入并不稳定。比如某位男主播，视频直播的主要内容是吉他弹唱与在线教学，虽然积累了不少粉丝，但是月收入最高的时候也仅有 5000 多元，大多时候则在 3000 元上下浮动。

打赏变现已经成为网红经济变现最常见的一种方式。如 papi 酱微信公众号每发布一次短视频，都会收到不少粉丝的打赏，打赏最低 2 元，最高 200 元，打赏多的视频都有几百人打赏，这样算下来，一个短视频的打赏收入都可以达到上万元。

正是因为如此，一些网红平台开始积极鼓励网红与粉丝互动。网红们对粉丝也开始爆发出了极大的热情，经常会制造出许多的热点话题，吸引粉丝前来参与，当这个话题的关注度足够多，或者是浏览量足够高的时候，网红平台就会吸引粉丝开 VIP，进而欣赏更多精彩的网红原创内容，一个 VIP 价格从几块到几十块不等。一般情况下，一个网红的一次话题都能吸引到数千人购买会员，几十分钟的视频内容很轻易就能获得几万元的进账，平台扣除掉中间费用之后，网红本人也能获得上万元的进账。

很显然，在这个粉丝经济爆发的年代，网红们拥有的粉丝越多，流量变现就越多。一些比较知名的微信公众大号，其所创作的内容，阅读量很容易就能破十万，按照 100：1 的打赏概率计算，也是一笔不小的收入。

打赏以及虚拟礼物等星星之火，正在受到越来越多网红与网红公司的青睐，爆发出了强大的燎原之势。


#### ▶▶▶ 平台化，个人品牌化


想要平台化发展，并不是一件容易的事情。这种变现方式也具备一定的难度，需要网红或者是网红平台对粉丝进行一定的引导才有可能得以实现。

我们以罗辑思维为例，罗振宇也算是网红，只是在罗振宇出名的时候，网红这个名字还没有彻底在网络上流传起来。

而随着网红经济的崛起，罗辑思维 2015 年一年在微信公众号里面产生的商品交易就达到了数亿元。依托着罗辑思维这个平台，罗胖子每一天都会向粉丝们推送一段 60 秒的语音，而粉丝则可以通过回复不同的关键词来获取平台推送的链接内容，这些链接之中往往就会包含着平台所推销的产品。

以罗辑思维当前几百万粉丝的数量计算，假如微信公众号平均打开率为 5%，每天也将会有 30 万人打开回复的链接进行阅读。假如购买率可以达到 1%，每天的交易额也会是一个非常可观的数量。

对于任何一位网红而言，如果能够熟练操作微信、微博等社交工具，想要进行平台化运作都不是多么困难的事情。

当然，想要平台化运作的前提是，一定要形成个人的品牌。这一点很好理解，假如我们不能形成个人的品牌，那么所吸引的粉丝就是非常有限的。相对而言，粉丝的流量变现能力也就非常有限。

打个比方，草根网红与当今炙手可热的网红第一人 papi 酱的变现能力就是不能同日而语的。

在网红不同的发展阶段，个人品牌化都为网红们带来了不菲的收益。比如文字网红阶段，一些知名的网络作家通过长年累月的创作，积累了大量的粉丝。这些粉丝被称为原著粉，他们对网络作家的文学作品分外推崇，只要是根据自己喜欢的网络作家的作品改编的周边产品，他们都会买单。如某网络作家写了一部几百万字的玄幻小说，这部小说被改编成游戏，粉丝会去玩游戏；这部小说里面提及的武器被做成了周边，粉丝也会去买周边。

粉丝为什么会疯狂地追捧这些网络作家作品里那些虚幻的情节，以及衍生出来的武器呢？很显然，就是因为粉丝对该网络作家非常喜爱，爱屋及乌，最终对其作品的周边产品买单。

在视频网红阶段，个人品牌化运作到了一定的阶段，就可以快速地向平台化转变。

以淘宝红人为例。目前的淘宝红人店铺已经拥有了自己独有的清晰商业模式。不少电商网红开始成立自己的工作室，自行设计款式，甚至是自建工厂，通过自己的名气吸引众多粉丝关注，引导自己的店铺渐渐走向品牌化。

不少互联网行业的专家甚至表示，网红逐渐形成自己显著的个性品牌，有助于其平台化的发展。

如电商网红赵大喜，成为网红之后，她不仅在淘宝上开了店，还创办了自己的工厂。她经常会将核心设计的款式放到自己的工厂里去做，而常规的搭配款式则会交给一些合作的工厂完成。赵大喜的个人工厂当前大约有一百多名工人，承接店铺中约三分之一的需求。而在淡季的时候，该工厂则能满足店铺所有的需求。

一些网红店主甚至还表示，在未来很想发展线下，开实体店，做中国的独立品牌。

从电商网红的发展历程来看，从最初的买手制，到现在的自建工厂，打版生产，产品更加个性化，融入了更多的流行元素。而在未来，品牌化或将成为网红店铺生存与突围的重要因素。对于电商网红而言，未来的品牌化发展方向有两个：一是轻资产模式，二是向传统制造业转型。比如"大喜自制"侧重于生产，而"榴莲家"则侧重于设计。

伴随着市场的逐步饱和，以及经济持续走低，传统的服装行业已经进入了缓慢的增长期，在未来甚至还可能会出现持续萎缩的局面。而网红经济的出现，既是一种全新的营销现象，也在运营模式以及未来发展方向方面给予传统的企业一定的借鉴。

网红经济的大发展恰恰给传统的企业提供了一种全新的思路。不过从当前来看，多数网红的粉丝数量并不多，在品类、管理、规模等方面也不具备太多的优势。在这样的情况下，进行品牌化运作、在管理以及品牌推广、市场运作上多下一些功夫，就显得很有必要。

北京商业经济学会的秘书长赖阳表示，在产业革命即将到来之际，传统的企业在流通领域所需要的成本巨大，运营团队与组织架构松散，这都会极大地降低企业的经济效益。在互联网大发展的时代，传统的企业只有加快转型，适应当前经济形势与市场环境的变化，才能在这场变革中谋得生路。

"当前此类企业数量较少，但未来个人设计师品牌会占据相当大的比例。"赖阳还表示。

从赖阳的话中，我们不难总结出这样一个趋势，在未来，企业想要生存，首先就要考虑到消费者的喜好，以及企业自身能够为消费者所提供的价值。

不管是文字网红，还是电商网红，二者的立足点，其实都是一样的，那就是先赢得粉丝，打出个人的品牌，然后再加深产业链条进行平台化运作。当然，想要赢得粉丝，前提一定是能够迎合消费者的喜好，提供让消费者满意的价值。唯有这样，消费者才能转化为粉丝，为你的品牌与产品买单。

### ▶▶▶ 艺人化，网络剧爆红

网红拥有了一定的知名度，往往也就意味着更大的变现能力以及变现渠道。很多网红在拥有了超高的人气之后，首选的一条变现途径就是艺人化。比如，张予曦。

在张予曦没有拍摄玛丽苏神剧《亲爱的，公主病》之前，大部分人很难将张予曦从张馨予、张歆艺、张雨馨等众多的女演员中分辨出来。但是，一部《亲爱的，公主病》却让张予曦一下子拥有了极高的辨识度。

这是一部怎样的神剧呢？该剧由搜狐视频自制，著名歌手兼演员戚薇担任艺术总监。大致的剧情是：严重"公主病"的女主喜欢"王子病"的男二，而男二则喜欢"白莲花""灰姑娘"女二，"白莲花""灰姑娘"女二又喜欢外表冷酷内心热情的男一，男一则喜欢有着严重"公主病"的女主……

这样一部汇集所有狗血剧情于一体的神剧，像是具有魔性一般，一经上映，就俘获了大量的粉丝。这部玛丽苏神剧与其他偶像剧的不同之处在于，剧情完全不按套路出牌。

通常情况下，偶像剧中的霸道总裁往往会爱上灰姑娘，但是，在这部神剧中，霸道总裁爱上的是"公主病"女主，而且这位"公主病"女主还自带吐槽属性。可以说活得非常潇洒恣意，该撒娇的时候撒娇，该发脾气的时候发脾气，从来不曾委屈了自己。被嘲讽了？嘴炮开火。被强吻了？物理开火。遇到爱情就勇敢地去追，永远都相信自己是最美好的。这个从内而外散发着自信的姑娘，即便是有点儿任性有点儿作死，也丝毫不影响她成为一个受人喜爱的小公主。

张予曦所塑造的"公主病"女主，让她成功俘获了大量的粉丝。而她也从一个小网红成功转身为艺人。

说起张予曦的成名之路，可以说是一波三折。她最早进入公众视线是在 2009 年夺得瑞丽第七届封面女孩大赛的冠军。那时候，媒体对她的评价是神似章子怡。随后，张予曦迎来了她人生的另一个重要转折，搭上了"国民老公"王思聪的船。在上演了一出"横插一脚，夺得闺蜜的男友"的大戏之后，张予曦成功上位，之后与王思聪时刻不停地秀恩爱。在武汉万达电影乐园开业仪式上，张予曦跟随王思聪亮相，面对诸多媒体，不等记者发问，便主动"交代"自己乃是王思聪的正牌女友。

活动当天，张予曦在百度搜索指数上就一路蹿升，搜索热度直逼国内一线明星。而这个时候王思聪的粉丝也开始忍不住出手，扒出了张予曦的种种过往：炒作、整容、插足好友。张予曦名声一度黑到没朋友。

与王思聪的恋情曝光两个月后,张予曦被"抛弃"了。而这个时候的张予曦并没有像王思聪之前那些前任女友一样继续去当小网红,而是靠着之前积累下的名气获得了一张进入娱乐圈的船票。

从参演何炅的《栀子花开》,到在徐克的电影《智取威虎山》中打酱油,再到《亲爱的,公主病》,张予曦终于完成了从网红到艺人的蜕变之路,实现了人生的逆袭。

当然,这是网红个人的艺人化之路。随着网红转艺人爆发出强大的经济潜力,越来越多的网红平台也开始对网红进行有目的性与针对性的培养。

英模文化的执行董事长邱世杰这样说:"公司里的模特在被培养成网红之前,会将她们严格地分成两类。一类是娱乐型的,一类是达人型的。前者要拥有很好的歌舞才艺,而后者则需要极强的时尚属性,比如会化妆、选款等。"从传统的模特公司成功转型之后，有不少资本方找上英模文化寻求合作。在邱世杰看来，解决资本的对接问题之后，朝着哪个方向投资将成为关键，"网红到底是颜值生意，还是分销生意。如果只靠着一张脸，很快就会被迭代下去，网红不能仅仅只会嫁接商品"。

作为网红，不论最终选择的是哪一条路线，在其背后都需要有完整的供应链条与渠道、品牌以及强大的内容团队。

对于网红平台而言，则需要找到最适合的网红。邱世杰认为，这是网红经济条件下，突出重围的重要前提。而寻找合适的网红，并非容易的事情，很显然，这更像是一场豪赌。

网红艺人化发展的过程中，网络平台起着不可忽视的作用。比如之前由乐视平台拍摄的网络雷剧《太子妃升职记》就迅速捧红了张天爱，而从"网综"《大鹏嘚吧嘚》起家的大鹏，则凭借着一部《煎饼侠》狂揽了10亿票房。

网红艺人化已经成为不少个人以及网红平台变现的重要形式。然而，与那些专业的演员相比，网红进军演艺界往往也容易遭人诟病，没品位、演技（表现）不到位等都会成为观众的槽点。

然而，这并不妨碍网红成为艺人，而且专家还发表了这样的观点，在未来，所有的艺人都会成为网红，只不过会分成两个种类。一是非网生艺人，二是网生艺人。

互联网的无边界性让更多的人开始依赖互联网，业内人士这样说："在未来，互联网将会成为所有人的生态环境，所有的艺人都将会生存和生活在互联网上面，也就是说，所有红的艺人都将是网红。"

如此看来，网红与艺人之间，似乎也仅仅只隔了一层窗户纸。由此，越来越多的网红朝着演艺之路发力，而网络剧也在这两年呈现出井喷的爆发之势。大量的网红通过出演网络剧快速提升知名度，成为演艺明星，名利双收。

## ▶▶▶ IP产业化，从内容到产品的一条龙发展

当网红渐渐发展成为一种经济趋势，IP产业化就成为一种必然。

IP产业最明显的就是文学网红。

如《致青春》《左耳》《小时代》《微微一笑很倾城》《何以笙箫默》等影视作品，基本都是改变自最火热的青春题材小说。

这一波又一波的怀旧热潮不断袭来，在推热了小说的同时，也推热了由小说改编成的电影。电影受欢迎的程度，其实也在某种程度上昭示着年轻消费者对作者的喜爱。

郭敬明、韩寒、张一白等新生代的导演更是在青春校园题材这一领域开疆拓土，并迅速在电影行业占据了一席之地。

青春校园类题材在影视界的火爆，一方面是因为国内市场对这种题材比较渴求，另一方面则是因为消费者对这些作品非常推崇。

以九把刀《那些年，我们一起追过的女孩》为例，其火爆的程度丝

毫不亚于国际大电影，刷新了多项票房纪录。赵薇的《致青春》创下了7亿元的票房，赵薇也一跃成为最卖座的女导演；郭敬明亲自导演的《小时代》系列甚至突破了10亿票房，迅速赶超着导演界的前辈们。

在最近几年，青春校园类电影已经成为国内票房市场的掘金主力。

纵观青春校园类电影的崛起，基本都是凭借着原著小说进行 IP 改编，然后借助明星的号召力获得了大量的粉丝。

IP 产业化发展所蕴藏的巨大经济潜能，不容人们忽视。

与此同时，一个全新的问题也被人们摆上了台面，那就是：未来 IP 产业的着力点到底在哪里？

说起 IP 产业化，其实最繁荣的领域就是网络文学。就当前看来，网络文学正处于一个空前繁荣的阶段，互联网的发展吸引了无数草根创作者的涌入，大量的奇特构思汇聚在互联网上，而这恰恰为网络文学的 IP 之路注入了新的血液。

从当前网络文化的 IP 产业化发展来说，不管是饶雪漫的《左耳》被搬上荧屏，还是《何以笙箫默》被拍成电影，或者是辛夷坞写《致青春》，无一不显示着这样一个现象：由网络文学衍生而来的青春校园原创 IP 正在爆发出惊人的潜力，成为业界争相关注的焦点。

与此同时，若是网红能够充分发挥在粉丝中的号召力，再加上电影剧本本身的吸引力，往往能够起到神奇的质变效果。两个同样都很火热的领域一旦跨界融合，所产生的效果，必将是 1＋1＞2。

此外，青春校园剧与网红成功融合能够火热，与校园本身生产网红有着极大的关系。如奶茶妹妹、芙蓉姐姐、韩寒、郭敬明等基本都与校园有着极为紧密的联系。

从这个层次上说，"校花＋网红"题材的青春校园电影更容易受到年轻人的欢迎。不管是传统网红，还是新生代网红，他们本身自带吸粉属性，一旦推出作品，基本不需要做什么营销，便能迅速获得年轻人的认可。再加上当前互联网＋模式盛行，搭载着互联网营销快车的各种传播方式，也更容易受到年轻消费者的欢迎。

校园网红一般在大学生群体中拥有较高的知名度，经纪公司通过包装，让他们更加迎合大学生的审美。这将更加有利于青春校园类文学作品 IP 产业化发展。

以《火锅青春》为例。

该故事由四川的 6 所高校所创作的 6 个真实毕业故事串联而成，题材是原生态的校园题材，演员也多是来自各大高校的大学生，借助着校园资源的强强联合，最终达到了强大的聚合效果。

校园内部真实的故事＋互联网的宣传手段＋众筹平台造势，借助"校花＋网红"模式，成功形成了一个青春校园影视题材的 IP 产业链。

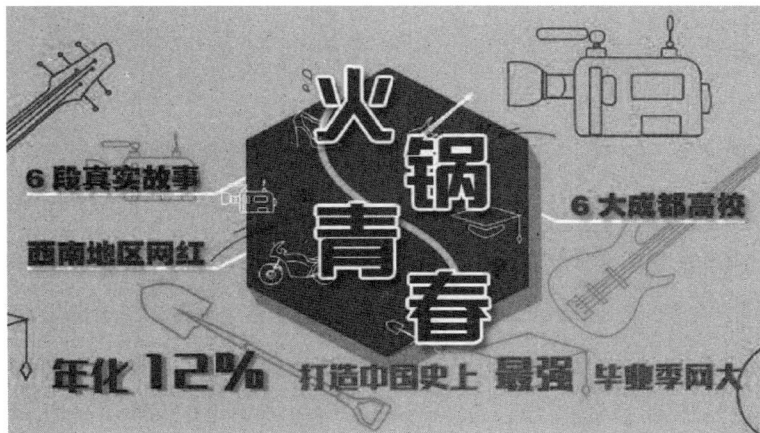

从内容诞生，到互联网传播，再到众筹平台预热，网红与内容的融合形成了一条最强的 IP 产业链条。

当然，在这个过程中，需要网红平台或者有意朝着 IP 化发展的公司，懂得市场结构的变化，找出新的市场需求。当前来看，80 后、90 后已经成为市场消费的主体，影视市场中用户结构正在悄然发生着变化。把握住这个变化，摸准用户的喜好，制造和输出用户喜好的作品，乃是当前企业 IP 化突围的重中之重。

从这个角度上说，IP 产业化发展的根本前提就是用户有需求。正是用户有这个需求，才创造了现在火爆的网红市场，以及 IP 产业化的形成。

IP 产业渐渐火热，但对于草根网红而言，有一个问题也同样不可逃避，那就是他们普遍没有专业的背景，对于所要参与的项目或者行业缺乏系统与全面的认知。他们在参与项目运作的时候就会因为不专业、不深入、不了解遇到不少麻烦，需要外界的一些支持才可能顺利完成任务。

IP产业化，除了向娱乐改编方向发展，网红电商的崛起，也是IP化的一个重要方向。

随着市场的不断成熟，仅仅靠着"网红脸"刷淘宝店或者接受打赏的模式已经不足于满足市场发展的需求。人们喜新厌旧的特质，以及对生活品质的追求，都让网红的变现之路变得异常艰难。在这种情形下，网红发展向着优质的原创内容靠拢，才可能形成持续的IP或者是形成深耕的垂直领域。网红也才可能在更多的领域实现流量的变现，获得更加旺盛持久的生命力。

与此同时，网红经纪公司也需要持续地输出优质的内容，进而形成专业化的运营及有效的管理机制。在越来越多的网红不断涌现的今天，网红经济的变现模式已经越来越丰富，网红经济的未来也越来越不容小觑。所以，寻找合适的网红，使得IP产业化发展，是网红经纪公司当前最需要思考的问题。

# 第六章
# 网红在各社交平台的演进路线

互联网经济的大发展，催生了越来越多的新兴经济模式，"粉丝经济""注意力经济""社交红利"等。在粉丝、注意力、社交等诸多的经济模式之中，"网红"这个词悄然发生着演变，渐渐也被炒作成了一种"经济模式"。从最初的个人主页，到现在的视频直播，"网红经济"这个发端于民间的内容出口，正在不断地试探着时代所给予它的价值判断。

### ▶▶▶ 个人主页，网红最低级的平台

网红早期不叫网红，只是网络名人，主要活跃在个人主页以及网络论坛上。

作为网红早期活跃的主要阵地，个人主页如今已经渐渐淡出了用户的视线。然而，在视频网站并不流行的阶段，个人主页却是培养流量，孵化粉丝的重要平台。

早期比较有代表性的个人主页，主要有 QQ 空间、人人网、开心网以及博客等各类网站上的个人主页。通过个人主页，发表动态、心情、说说，或者是发表文章等，都是增强个人主页曝光率，吸引粉丝的手段。

在个人主页广受推崇的时代，一些网络名人随之崛起，迅速成为第一代网红。从芙蓉姐姐到凤姐，再到奶茶妹妹、天仙妹妹等，她们借助

互联网信息传播快的特性，迅速吸引了大量的人气，凝聚了巨大的流量，为她们下一步的流量变现做足了准备。

网红经济的大发展推动着市场经济化的脚步，越来越越多的网络红人开始借助各种渠道分享自己生活的点滴与细节，进一步扩大自己的知名度，为自己圈粉，也最大化完成流量的变现。

2016 年 7 月份，著名演员韩雪在江苏卫视《说出我世界》节目中，大方分享了英语学习的心路历程。韩雪表示，自己学英语"走火入魔"，为了让更多的人参与到学英语的队伍中来，自己甘愿当"网红"来传递正能量。为此，韩雪甚至还在个人主页不断分享英语小节目，以演艺圈新晋"学霸"的姿态进行英语学习的宣传。

作为一档棚内录制的名人演说秀节目，《说出我世界》曾经采访过各界精英、意见领袖以及名人大腕近百位，通过邀请这些名人来分享自己的人生故事，达到传递社会正能量的目的。这些人中，有正当红的演艺明星、有谈判专家，还有民间环保人士与商界人士，年龄跨度从 20 岁到 50 岁，涵盖的受众非常广。这就保证了节目内容的丰富多样，并且从内容、形式以及名人等多方面保证所呈现给观众的是一场精彩绝伦的思想与语言盛宴。

请名人参与节目，让名人为自己的节目宣传，《说出我世界》可以说是充分利用了网红名人自身所聚集的流量。在每个网红名人背后，都有着极大的"光热"，而这就很可能在极短的时间内造成一种"网红经济"现象。

然而，"网红经济"真的如表象那般火热吗？还是因为这段时间以来，人们对网红经济关注得多了，所以让人们误以为网红经济很热？

其实网红经济之所以能够一下子火起来，窜进公众的视野，最主要的原因是有几个标杆性的人物被炒了起来。凭借着被炒起来的名气，他们不仅获得了粉丝，还获得了非常可观的收入以及更多的发展机会。

有了成功的先例，人们对"网红经济""网红"也就显得格外关注与敏感起来。

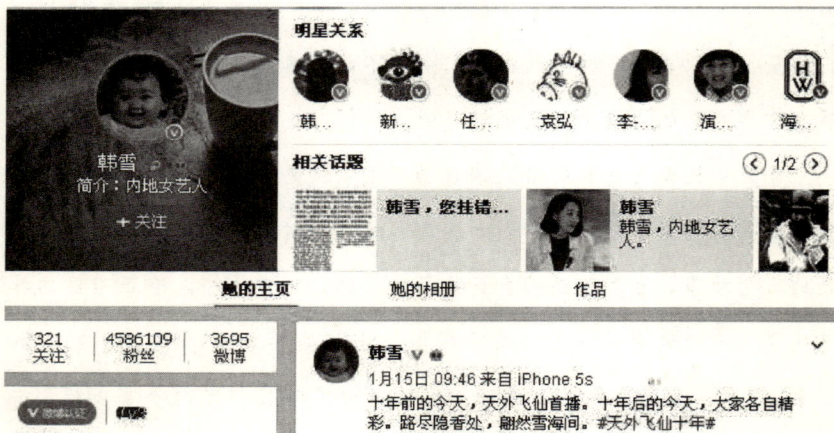

一个事物从最初的萌生到后来的发展，总是会有一定的发展规律。网红从最初个人主页上名不见经传的个人，渐渐发展成能够影响数万乃至数百万受众的红人，其本身这种红的速度，与其所创造的价值是成正比的。网红的知名度越高，所带来的流量越多，商业化操作的方式也就越多。正是因为这样，如今各种网红孵化平台如同雨后春笋般涌现，我们所看到的大部分网红身上基本都有团队化作业的痕迹。

从网红所体现的特征来看，如今的网红与之前的网红还有一定的差别。

在过去，网红身上所具备的特质或者特长只是他们培养名气的一种途径而已，而现在的网红与其前辈相比已经不再单纯满足于培养名气。而且，早期的网红与现在的网红在出名之后，利用名气的方式也截然不同。

如早期的芙蓉姐姐、凤姐等网红，她们在成名之后，多数选择了做代言，或者是为品牌做宣传。换句话说，她们是在把自身吸引的流量导给别人。然而现在的网红，则更多的会将流量导给自己。

两者比较，导给别人，自身的吸引力就会变弱很多，再加上别人的诉求总是五花八门的，你的导流不一定能够起到理想的效果，这样一来，你的吸引力就会持续减弱。而导给自己，显然就聪明了很多，自己掌握了更多的主动权，只要花费一些心思，就能将流量牢牢地锁定在自己的周围。

在互联网时代，网红经济已经开始进入一个商业化的过程。比如你是一位时尚达人，拥有自己的博客主页，那些喜欢你风格的人很可能就会成为你的粉丝。如果你是一位电商网红，这些粉丝很可能还会转化成为你的顾客。哪怕你在微博里所分享的穿搭不是你设计的，也不是你制作生产的，粉丝也会对你非常追捧。

进一步说，如果你恰好有不错的学习能力，又能跟粉丝保持良性的长期互动，他们便会更加认同和信任你的审美观，也愿意为你的分享买单。在这种情况下所形成的用户黏性，与早期网红们单纯依靠名气引流，显然要强出许多。

粉丝对网红名人的这种认可与买单，就是基于网红的"人格魅力"。

作为目前经济模式下的一种代表角色，网红在未来将会面临更多的微经济模式。在这个英雄辈出，大浪淘沙的时代，"网红经济"究竟会成为泡沫，还是会演变成一种新兴的趋势，这有待观察与商榷。

然而有一点需要说明的，当网红经济爆发出越来越旺盛的生命力，进入的门槛越来越低，难免就会出现鱼龙混杂的现象。这个领域一旦有了乱象，出现了一些与主流发展格格不入的不和谐因素，它就会与网红经济的发展背道而驰。

比如视频直播，早期单个人在网络上做语音或者进行视频直播都非常困难，现在却变得很容易，而直播的内容也越来越低俗、无聊。很显然，这与网红经济的主流发展方向是相悖的。不论是对网红个人，还是网红平台而言，这些不符合主流文化的发展趋势，都将没有任何发展的前途与出路。


## ▶▶▶ 兴趣社交网站，网红的另类走红方式

互联网信息技术的发达，催生了各类的兴趣社交网站，与之相伴而生的便是各种"网络红人"。在国内，"网红"基本已经成为一种最常见

的社会现象。这些网络红人们，为了吸引网友的关注，赚取网友的眼球可谓是有使不尽的招数。炫富、搞怪、整蛊、整容，各种低俗的套路不断地刷新着人们的认知，渐渐与社会所倡导的主流"正能量"背道而驰。

不可否认，这种恶俗的套路能够在短时期内吸引人们的关注，但是，一旦人们的好奇心以及猎奇心理得到了满足，人们对该类网红的关注兴趣就会下降。而这种以低俗手段在网络爆红的方式，也不可能让网红获得更多的流量以及变现。

人们接收信息的时候，往往会选择那些对自己有利，能够给予自己一定启迪与鼓励的信息去浏览。这也就是社交网站上那些心灵鸡汤或者是励志人物故事能够获得大量转载的一个重要原因。

在美国的一些社交网站上，就有这样一群人因为励志而走红。他们没有靠各种低俗的手段去吸引网友的好奇心，而是靠着传递积极向上的正能量吸引了粉丝的拥护。

2016 年 6 月 16 日，美国的一位老太太在脸书上发布了自己的一张 80 岁生日照。在这张照片中，老太太身穿白色镂空单肩运动文胸，黑色半透视紧身裤和黑白帆布鞋。咖啡色的头发梳得整整齐齐，鲜艳的红唇与红色的指甲，映衬着一身古铜色的肌肉，显得分外抢眼。

这一张照片一经发布，很快就获得了逾 1.7 万次点赞以及 3000 多条评论。

这位居住在美国巴尔的摩的欧内斯廷·谢泼德堪称是祖母级的网

红。当然，她会走红，不仅仅是因为她是活跃在网上年龄比较大的用户，还因为她是年纪最大的女性健美者。在 2010 年和 2011 年，欧内斯廷·谢泼德还连续两年获得了《吉尼斯世界纪录年鉴》。

在随照发布的帖文中，欧内斯廷·谢泼德说："我今天 80 岁了，依然还很年轻。感谢上帝让我走出了这么远，我还会坚持、坚定、坚毅地保持健美。"

如今的欧内斯廷·谢泼德有着吉尼斯光环的笼罩，也许会让人感觉到敬畏。但是，在 56 岁之前，她却是一个我们再熟悉不过的"懒虫"：久坐不动，一辈子从没锻炼过一天。直到有一天，欧内斯廷·谢泼德与好姐妹韦尔维特去买泳衣，当她们看到自己臃肿的身材时猛然意识到必须要健身了。

然而，就在两个人决定开始一段新的历程的时候，韦尔维特因脑动脉瘤去世。欧内斯廷·谢泼德伤心欲绝，为此一蹶不振了好几个月。后来，在一位朋友的提醒下，欧内斯廷·谢泼德重燃斗志，再一次返回了健身房，并坚持到了现在。

健身不仅彻底改变了欧内斯廷·谢泼德的体型，还改变了她的生活。如今的她是一名私人健身教练，所辅导的也大多都是年长的女性。不仅如此，欧内斯廷·谢泼德还接受竞技健美以及激励演讲的训练。

欧内斯廷·谢泼德的经历，鼓舞了不少年长的女性，让她们明白保持健康从什么时候开始都不晚。

在欧内斯廷·谢泼德看来，"年龄不过是个数字"，健身从什么时候开始都不晚。

社交网站信息传播的方式，是以网状辐射传播的。社交网站上具有传播价值的信息往往能够在短时间内获得网友的疯狂转载。尤其是这些积极向上充满了正能量、能够给人以正向引导的信息，更是会受到网友们的认可与追捧。

无独有偶，在加州还有这样一个女孩。

美国加州的一个美丽女孩子切尔茜·希尔刚刚会走路就疯狂地爱上了舞台。5岁开始参加舞蹈队，几乎横扫了所有的比赛。然而，上天似乎有意考验这位美丽的女孩，在她17岁那年，遭遇了车祸，导致高位截瘫。当她醒来，看到自己无法行动的下半身，她知道自己的舞蹈梦离自己渐渐远了。

在医院度过了艰难的51天后，18岁的切尔茜摇着轮椅，出院了。出院后，切尔茜与父亲一起创立了非营利性的组织轮椅代步基金会，一方面教育青年人要进行安全驾驶，一方面则激励和援助那些脊柱受伤者。不仅如此，切尔茜还重拾了自己的舞蹈梦想，她组建了轮椅舞蹈队。这个舞蹈队还是世界上规模最大的轮椅舞蹈队之一，每周都会在洛杉矶教授轮椅舞。

每一个在脸书以及Instagram等社交网站看到切尔茜发布在网上的轮椅舞图片和视频的人，都会被她们那如火的激情所感染：姑娘们坐在轮椅上，笑容灿烂，上肢动作整齐划一，轮椅不时地旋转，行云流水一般。这些图片以及视频在网上疯狂地传播，很快就为切尔茜圈到了上万的粉丝。

美国的《赫芬顿邮报》还曾经为切尔茜以及她的轮椅舞蹈队制作了《见见重新定义舞蹈的女孩》视频。不论大家是否认可轮椅舞重新定义了舞蹈，但不能否认的是，轮椅舞帮助这些残疾的女孩重新定义了人生。

在该视频中，切尔茜对广大的观众们表示："对我们而言，舞蹈不止是精神治疗，也是身体治疗，当我们试着去操控轮椅，我们也真正挑战着身体的极限……我觉得，真正的治疗就是知道自己又可以跳舞了。"

切尔茜的队友斯提芬妮·艾洛说："当切尔茜邀请我加入舞蹈队的时候，我觉得这简直是不可能的，因为我是瘫痪……可现在，我们做到了。所以，永远不要因为自己觉得做不到就停下来。"

当切尔茜将这段视频发布到脸书上后，视频获得了不少人的点击、分享与评论。两百多万次的播放，近三万次的分享以及近七百条评论，无不体现出这群轮椅姑娘对观众们的吸引力。

正如切尔茜所说："舞蹈就是舞蹈，不管你是依靠双腿，还是依靠轮椅。舞蹈眼中没有残疾。"

很显然，这种正向励志的东西比那些低俗恶搞靠着吸引网友好奇心来增加流量的内容，要更具有分享的价值。而这类充满正能量的人物，也更容易受到人们的认可与尊重。

## ▶▶▶ 知识传播类网站，洁身自好的"大 V"

随着视频直播平台越来越多，网红直播的内容越来越广泛，活跃在兴趣社交网站上的人数与早期相比，明显减少。但是，作为一些知名社交网站上的意见领袖，其吸粉能力还是不容忽视的。一些观点独到，言辞犀利，或者能够让人忍俊不禁的大号，总是能够成功凝聚不少粉丝，成为兴趣社交网站的红人。

前一段时间，在知乎 APP 上一位伊朗与加拿大的混血妹子火了，这位加拿大的妹子外文名叫 Negar Kordi，中文名叫兰兰，从 2015 年 12 月 9 日开始玩知乎，短短一星期就圈粉 7 万。截至目前这位加拿大的混血妹子有哪些吸引人的特质呢？让我们先来看一看她在知乎主页的自我介绍吧！

**Negar Kordi**
吃货国的外国小公举

📍 宁波 ♀

🎓 宁波大学　卖萌

➡ 查看详细资料

大家好，微博和知乎私信都会看的，感觉大家都萌萌哒。 多希望喷子们喷我的时候也可以顺便喷点盐汽水呀。 取关和点反对没帮助的还要留言告诉我，真的太客气了，怎么好意思又麻烦你跑一趟呢？ 我的汉语好不好看我的微博里和网上的视频不就知道了吗？ 答案里开着评论让各种人喷，大概就是我脱离了高级趣味的最好证明吧。 五年前给我纸巾的安检叔叔，可以再给我一张纸巾吗？
　　　　　　　　　　　　　　　　　　　　　　　　　　　　　🔼 收起

获得 👍 **344955** 赞同 💗 **63968** 感谢　　　　　　　　　关注她　　✉

"小公举""脱离了高级趣味的人""喷子""萌萌哒"等被中国网民常用的网络用语被这位外国的妹子信手拈来。这位外国妹子之所以能够快速吸粉当然不仅仅是靠着自己这搞笑风格，更是因为这位"小公举"对中国本土的语言运用能力，简直已经达到一种炉火纯青的地步。

比如她在回答"女性听到怎样的夸奖会感到很开心"的时候，这样说："这几天很多人夸我中文好，感觉很开心。虽然我知道很多人是很客气的，但是真的很开心。有一个人对我说，你根本就是一个中国人，只是正好长得像外国人。我真的开心了好久。还有一个人说，见过洋气的华人，第一次见华气的洋人。真是谢谢你的夸奖。不过，我最喜欢听到的夸奖是，小姑娘这么漂亮，给你便宜点儿吧！真是有审美眼光的人又善良，祝你生意越来越好。"

各种接地气的中文，很快就拉近了这位外国妹子与中国知乎网友的距离，使她赢得了不少知乎网友的关注与喜爱。

不仅如此，这位外国妹子的观点还非常犀利独到。比如，在回答"为什么在某些外国人的眼中中国的国际形象这么差"时，"小公举"这样说：

谢谢邀请，这是一个拉仇恨的问题。我已经做好被骂死的准备了。

我觉得原因是这样的：

1. 习惯差异。

几乎所有的动物都可以被中国人吃。所以当听说中国人吃狗、吃猫、吃老鼠的时候，没感到震惊几乎是不可能的。然后很多人就会想，这些人真野蛮，没爱心。

其实法国人吃蜗牛我也觉得很震惊，日本人每年杀这么多鲸鱼。

其实很多时候不要用自己的习惯做标准去评价别人好不好，可惜的是很多人做不到，无论是中国人还是外国人。

2. 好学生总是不被同学喜欢的。

中国人勤劳，中国产品价格低，中国人的商店 24 小时开业。

习惯了清闲的外国人当然会觉得不舒服：中国人这些做法让这些外国人显得很懒惰。

好学生不会是最受欢迎的，中国是班级里新来的好学生。会有几个同学很喜欢他，但是更多的同学应该很讨厌他吧。在学校里是这样，在世界上也是这样。

3. 话语权。

中国人在国际上没有话语权。这一点一直是我认为中国必须要去争取的。

如果中国只是输出产品和资金，没有话语权的话，那么只要有一次中国的产品不合格或者资金出现了问题，那么中国整个形象就会被打上标签，然后每天骂中国"腊鸡"。因为某些人存在仇恨和偏见，以及不知道真相就站队的人总是很多的。

同样的道理：

因为没有话语权，黑人被人贴上了懒惰和野蛮的标签。

因为没有话语权，穷人被贴上"你穷你活该"的标签。

中国在今后的日子里一定要和发达国家去争夺话语权。让中国自己的声音被更多人相信和听到。

要不然中国人永远只能抱怨被别人妖魔化，也只能永远让网民代替有影响力的媒体去发出声音。

如果中国拥有有国际影响力的媒体，那么污蔑中国的那些人肯定也会害怕。

4. 软实力不够。

其实也不是很多人都觉得中国形象不好。我不太关心政治的东西，这些不是我感兴趣的。

如果中国有更多的名人让别人知道，有更多的电影和音乐被人知道，那么这对中国的形象是很好的帮助。

大多数对亚洲文化感兴趣的人其实是喜欢韩国和日本的文化。我也很喜欢日本，对日本充满了兴趣。中国真的要更加积极地去提高自己的软实力才可以。要用更多的艺术方式表现中国文化，要让中国人自己的生活方式和思维方式去影响世界。

5. 西方的恶意。

这一点是需要承认的。

奥运会的时候，中国运动员求婚。西方的媒体几乎没有报道，报道了的那些媒体也会说求婚这件事"是男性体现控制力的表现"。

西方媒体对发生在中国的灾难总是双重标准。

西方媒体对中国的负面报道甚至影响了中国人对自己国家的判断。

比起大多数中国人对外国人的友好，西方和这个世界上大多数国家需要对中国人展现出基本的尊重和更多的友好。

PS：

我觉得很多事真的不用太在意。做好自己，那些喷子还是在原地骂你，可是你早就去了更好的地方。当很多人关注你的时候，灰尘都会变得和石头一样大。评价形象从来不是几个在说话的人决定的，当自己有能力做任何事，又不需要依靠别人的时候，别人说什么，又有什么关系。

有些事既然解释了也没人听，那么又有什么好说的。

中国也是这样，当这个国家几乎所有目标都可以靠自己来实现的时候，那些骂中国、污蔑中国的声音只会让中国取得的成就显得更加的可贵。

那个时候，我想中国心里的声音一定是：就是喜欢看你讨厌我但是又没办法的样子。

这一个月来我很忙，终于有机会答题了。比起很多优秀的人，我觉得我的知识还很不够。

顺便说一下，有时候突然还挺想念一些喷子的，老师说这叫"斯德哥尔摩综合征"。唯一治好的方法就是多多答题。哈哈哈。 （作者：Negar Kordi）


如果不是提前知道这是一位外国妹子，恐怕很多人都会以为这份答案出自一个对世界形势非常了解的中国人之手。的确，因为这位外国妹子对中文的运用实在是太娴熟，而且对各类问题的回答又都是有理有据却不乏幽默风趣，所以一度有网友质疑，这位外国妹子的账号背后有人故意炒作。因此还遭到了一大批喷子来喷。不过，外国"小公举"却"心宽体胖"，不但没有生气，反而在个人说明里这样说，"五年前给我一张纸巾的安检叔叔，可以再给我一张纸巾吗？"幽默风趣，非常巧妙地化解了来自各方的敌意。

兴趣社交网站是最容易产生意见领袖的地方，不过与其他的网红阵营相比，以交流知识为主的社交网站上所诞生的意见领袖大多有点儿文人的孤芳自赏，即便本身拥有不错的流量，多数也不会以变现为目的。

所以从商业的角度上说，在网红经济发展的过程中，兴趣社交类网站并没有被网红或者是网红平台当成主要的发展阵地。


## ▶▶▶ 视频网站，独特的创造能力诞生更多网红

随着网红经济持续发酵，越来越多的人开始将目光聚焦于这片新的蓝海。在 2016 年的 6 月份，微博与 IMS 联手召开了"Vstar"战略发布会，开启了视频网红·自媒体 IP 时代。该战略可谓是根据网红经纪公司的发展现状量体裁衣，为网红经纪公司制定出了最佳的扶植计划以及投资方向。通过大数据观察、渠道推广以及流量资源，帮助视频网红公司把握住时代发展的趋势，推动视听自媒体产业进入一个全新的发展阶段。

其中，尤其需要注意的是，IMS 将会拿出 1000 万元为所有的自媒

体提供免费的版权保护以及各种渠道支持。与此同时，在未来的 3 年时间里，IMS 还会拿出 1 亿元来扶持视频网红的发展。

在该视频发布会上，诸多国内一线的网红齐聚一堂，马睿、6 岛岛、留几手、阿福 Thomas、软软其实不太硬、奔波儿灞与灞波儿奔等分享各种垂直领域的网红经验，也积极探究讨论了如何更好地将网红流量进行变现。

微博 CEO 王高飞还公布了一组数据：截至 2016 年的第一季度，微博的月活跃用户已经超过 2.6 亿，与之相对应的，第一季度的微博日均播放量则达到了 4.7 亿。

在微博垂直运营的 40 多个领域中，有 12 个领域的月流量已经超过百亿大关。在 2015 年，微博上各个领域的作者收入超过了 2.5 亿元。种种数据显示，微博短视频正在迎来一个快速上升的时期，越来越多的内容正在微博上快速成长。

顺应这一变化和趋势，王高飞公布了微博针对视频产品的三个方面变化：一，在 Wi-Fi 环境下，信息内的视频可以进行自动播放；二，加速更新视频相关信息流，以方便用户寻找到最热门的视频；三，改进和推动视频直播的发展，让用户能够随时看到那些正在发生的事情。

微博对内容的调整与变革可谓是抓住了网红经济发展的脉搏。近几年以来，网红经济持续火热，各个社交平台、视频网站都成为网红的活跃阵地。社交平台以及网络的快速传播，随即掀起了新一轮的网红热潮。2016 年，在短视频领域中更是诞生了众多的网红。仅在微博，2016 年 3 月的微博视频播放量较之往年同期增长了 10 倍之多，头部微博视频的播放量较之往年同期更是增长了 15 倍，短视频领域正在展示出一种急剧增长的态势。

一份调查报告显示，目前 90 后的手机用户中，有七成以上的用户每天使用手机的时间在两小时以上，平均每天接触手机的时间则达到了 3.8 小时。

根据这些数据，专家预测在未来的三年内，网红视频的 IP 市场规模将可能达到 2000 亿元。很显然，这是一块很大的蛋糕，各类视频公司以及网红将会迎来巨大的发展机会。

顺应网红经济趋势的发展，越来越多的公司开始将网红 IP 与产品 IP 实现对接，从而完成完整的商业闭环。

纵观网红经济在近两年的发展，几乎是以一种野蛮的姿态横扫了互联网的各个角落。从社交网站、知识交流类网站到直播平台，网红的数量如雨后春笋般迅速增长。经济形势发展到一定的阶段，必定会有与之相对应的上层建筑来承载。由此，大批网红相继问世也就催生了网红经济。

因果循环，网红经济的发展又催生出了更多的网红平台。在视频直播领域，2016 年，映客、花椒直播等就获得了飞速的发展，新的媒体形态催生新的内容供应，而新的内容供应背后是各种内容供应者。换句话说，直播平台的大量涌现会孵化出更多的网红。

互联网时代，人们对内容的需求更加多元化，所以各类网红在进行内容创作的时候，其类型也是多元化的。比如，有制造娱乐内容的网红、制造生活内容的网红，还有制造体育类内容的网红。

各种类型的网红层出不穷，其变现的手段也不尽相同。有网红利用流量直接引导粉丝消费，还有网红凭借名气成为广告模特。还有一些知名度比较高的网红，则是通过竞标投出广告。比如 papi 酱就将自己的视频广告在阿里拍卖平台进行明标竞投。

有了资本推手的参与，网红们的身价也开始一路高涨。但在网红爆发出强大的发展潜力的同时，有专业人士也表达了自己对网红经济发展的担忧：网红一般都有着一定的寿命周期，当网红获得了商业变现以后，如何持续性输出好的内容，是他们必须要面对的瓶颈。

然而我们可以预见的是，伴随着越来越多的网红不断涌现，以及网红经济变现模式不断成型，网红经济的未来也是不可限量的。当然，伴随着商业模式的不断成熟，那些不能持续输出优质内容的网红可能就会遭到淘汰，而那些拥有人格魅力以及优质生产内容的网红们则会在资本的助力下获得更好、更优的发展。

对于视频网站而言，也将会获得更多的发展机会。互联网高速发展的时代，催生了各种新兴的经济模式，其中眼球经济就是大家最熟悉的一种。而在现代社会，人们对手机的依赖程度已经是越来越高，各种手机视频 APP 也开始大量涌现，这都契合了人们对感官需求的眼球经济。在这个时代，注意力就是财富，谁能吸引用户的眼球，谁就能赢得更多的流量，拥有更多的表现渠道以及变现能力。也正是从这个角度上说，网红蕴藏着巨大的商业价值。

简单举个例子。

PewDiePie 是一个 24 岁的美国小伙儿，在 Youtube 网站上分享了自己打游戏时的戏谑视频。这则短视频不仅捧红了小游戏《Flappy bird》，还为他圈粉 4000 多万。凭借着短视频直播，PewDiePie 的年广告收入达到了 400 万美元。其背后的运营公司 Maker Studio 也借着 PewDiePie 的热度，以 9.5 亿美元的价格被迪士尼收购。

视频网红强大的变现能力，也吸引了不少网红公司对视频领域的关注。一家香港的文化公司就有意把网红推向国际的舞台。这家文化公司就是 VS Media。在中国，VS Media 拥有近 100 多位创作合伙人，订阅用户超过 5200 万，每个月所产生的视频内容总量近 3000 小时，月流量达到了 3 亿。在过去的五个季度里，公司的业绩甚至达到了 230% 的增长。

VS Media 视频内容涵盖范围非常广泛，从街头篮球、街舞、游戏玩家记录、现代艺术到独立音乐、宠物狗训练、本土时尚设计，几乎涵盖了人们生活的方方面面。

VS Media 公司大中华区的负责人这样说："视频已经成为当前的主流娱乐内容与消费品类之一，在移动领域也呈现出了爆发式的增长。"

与国外的网红发展现状相比，中国的网红经济正处于一个最佳的发展时期。网红经济最开始的形态，可以追溯到粉丝经济，小米科技就依靠着这种经济模式快速地获得了成功。而一大波网红的相继诞生以及成功变现，也证明网红经济在中国具有巨大的市场以及发展可行性。正是因为如此，越来越多的视频网红以及视频平台才会前仆后继地涌现。我们相信，在不久的将来，会有更多的网红横空出世，也会有更多的视频平台为我们贡献出精彩的内容。在未来，网红吸引我们的将不仅仅是那张具有特色的脸，更是才华与内涵。

# 第七章
## 用户为王，用优质内容留住粉丝

网红经济说到底也是粉丝经济的一种，粉丝经济的本质就是用户为王。只有增强用户黏性，留住粉丝，才可能吸引巨大的流量，提高自身的变现能力。而想要留住用户的关键，就是要有优质的内容。在网红经济时代，单靠着个人颜值打天下的网红是注定走不远的。只有那些能够持续提供优质内容的网红，才可能始终被粉丝喜爱，在网红不断崛起的年代里，获得更好的发展。

### ▶▶▶ 网红制胜之道：粉丝经济与文化跨界

信息技术的高速发展，衍生了众多的互联网新事物，自媒体、网红、短视频等新的互联网形态逐渐走进了我们的生活，并且开始不断地改变着我们的生活习惯与生活方式。

这种改变，让我们看到了互联网未来发展的更多可能。在这个时代，罗辑思维、papi 酱、二更食堂等新兴的自媒体平台相继获得了资本市场的青睐，获得了更广阔的发展空间与发展机会。

撇开互联网的因素不谈，这些自媒体平台或多或少都与文化有着千丝万缕的联系。正因为有着文化元素的存在，这些平台才能持续产出精彩的内容，平台也才能够变得多姿多彩起来。

在跨界盛行的今天，文化产业的产业链条可以得到极大的延伸，在百家争鸣的互联网时代拥有了更大的舞台，文化跨界也就成为"互联网

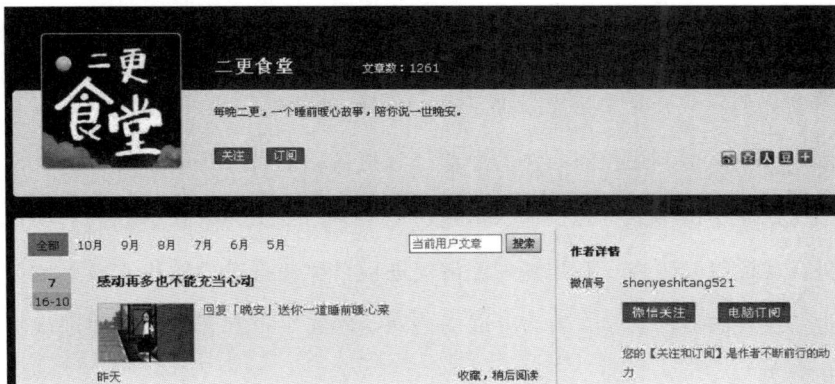

　　＋"时代一道靓丽的风景。

　　不论是曾经红极一时的"罗辑思维"，还是如今正当红的"papi酱"，这些文化段子手们借助文化跨界取得巨大成功的背后，都离不开粉丝经济的推波助澜。

　　在这个信息高度发达的移动互联网时代，我们每一个人都可能成为一个发光发热、深刻影响他人的自媒体。那些能够引起大量粉丝关注的自媒体也就成为我们眼中的"网红"，而成就这些网红的，就是其背后大量的粉丝群体。粉丝经济捧红了罗辑思维、papi酱等新晋的文化红人，让文化跨界发挥出了更多的光热，也让人们对网红经济有了更多的思考。

　　粉丝作为经济发展的一个强大助推，在推动文化跨界过程中也发挥了不可忽视的作用，而"互联网＋"则成为文化跨界过程中的加速度，加速了内容网红的诞生。

　　在人们越来越看重内容的今天，承载内容的形式也在变得多样化，比如网络大电影、网络游戏等，都成为输出内容的不错载体。

　　粉丝经济助推下的文化跨界，爆发出的潜力异常惊人，这也让互联网业界的巨头开始将目光瞄准了这个领域。比如阿里、百度和京东等互联网巨头就曾利用粉丝经济的经营理念将各自的项目进行众筹。以项目当中的某个故事或者是创作人员在粉丝当中的号召力来吸引人们对项目进行关注以及投资。利用粉丝经济促进项目快速推进的新模式极大地促进了文化跨界的脚步。各大互联网公司、网红平台都开始积极地进行文化跨界。

　　不同的是，网红平台的文化跨界是以自组公司形式出现，而互联网公司则是以项目的形式进行众筹融资。比如，阿里、聚米众筹、苏宁众筹以及京东众筹平台上的成功案例基本都是以项目的形式出现的。

　　尽管形式不同，但推动它们资本转化成功的都是其背后规模庞大的粉丝。也正是从这个角度上说，粉丝正在成为促进文化跨界的关键因素。

　　在移动互联网时代，经济模式也在呈现多元化发展，B2B、B2C、O2O等全新线上交易模式，也在助推着各行各业的加速变革。而粉丝，就成为各种变革中最不可或缺的因素。粉丝自身对某个人的特定情感驱动力，往往就能够成为粉丝经济产生持续动力的关键所在。

　　其实说到底，粉丝经济所依托的还是文化本身，借助着明星的号召力，进而引导粉丝产生一定的经济行为。这其中，粉丝自身的情感驱动发挥着非常重要的作用，如果没有了粉丝的情感驱动，也就难以完成粉丝变现，不能称之为粉丝经济。

我们以知乎、豆瓣以及百度贴吧为例，在这些平台上，有些版面其实拥有很大的用户量，但是因为这些版面缺乏对粉丝的号召力与凝聚力，不能很好地完成利润转化，这种模式就不能称为粉丝经济。

与这些平台不同，罗辑思维、papi酱等平台将粉丝以明星平台的形式聚拢，弥补了知乎、豆瓣以及贴吧的缺陷，通过情感驱动达到号召粉丝购买的目的，水到渠成地完成变现，这种经济才堪称粉丝经济。

我们不难得出这样的结论，一个平台或者项目是否能够发展起粉丝经济，一个最关键的指标就是该项目或者该平台所凝聚的粉丝是否具有情感驱动力。

以罗辑思维、papi酱为代表的自媒体平台相继获得了融资，以及一些知名的网络大电影在各平台陆续众筹成功，都说明情感驱动在粉丝经济发展过程中起着非常巨大的内驱力与关键作用。

借助互联网媒介以及源自于粉丝本身的情感驱动，粉丝经济乘着"互联网＋"的大潮，成为网红泛滥的时代胜出的关键所在。

不同于B2B、B2C、O2O等常见的互联网经济模式，粉丝经济所依托的是人与人之间的情感纽带。这就让新的经济模式与传统的经济模式有了非常明显的区别，传统的经济模式重点强调公司与团队的作用，很多项目需要团队或者公司的整体运作才能完成。而粉丝经济所强调的则是一种以情感维系的粉丝主动自发传播的力量，这种力量经过累积与发酵能够形成长尾效应，最终延伸出更长的产业链条。

在粉丝经济中，最直接和明显的一种表现形式就是众筹。在文化跨界的过程中，众筹将情感驱动的内在动力演绎得非常形象。在社交高度发达的互联网时代，众筹本身就带着一种非常强烈的社交元素，这种社交元素就能够将以情感为驱动的粉丝经济最大程度地激发出来。也因此，以影视众筹为典型代表的文化众筹，能够在这个时代获得很好的发展，并顺利成为连接文化跨界的桥梁，更成为加快粉丝经济变现的渠道之一。

比如作家郭敬明的作品《小时代》曾被拍成电影，而郭敬明的原著粉对票房就贡献了极大的力量。

很显然，在用户越来越要求内容质量的时代，网红单靠着刷脸已经不能有效留住粉丝。只有持续产生优质内容，将用户转化为粉丝，增强粉丝对自身的情感黏性，才可能在这个网红泛滥的时代胜出，赢得更长足的发展。

## ▶▶▶ 信息至上时代，网红与共享不可或分

在这个信息爆炸的年代，网红经济有了更加肥沃的发展土壤。伴随着信息共享愈演愈烈，网红通过分享有价值的信息，就能获得大量的粉丝关注。而这恰恰也成为网红主播行业兴起的一个关键要素。

比如，《不一样的偶像》首播的时候，就采取了直播分享的方式，

迅速聚拢了大量的人气。

2016 年 7 月 31 日，大型网络综艺节目《不一样的偶像》在北京举办了首播分享会。该直播上线仅仅 3 个小时，点击量就突破了 400 万，首日的播放量更是超过了 1000 万。在微博上的话题阅读量甚至过亿，数百万网友展开了热烈的讨论。

《不一样的偶像》是国内首档以网红群体为中心的网络综艺节目，从开播以来就表现出色，在娱乐界引起广泛关注。

《不一样的偶像》与之前的综艺节目最大的不同，就是其所采取的开放式结构。在传统的网红市场，一直存在着这样一个怪象，那就是网红见光死。凭借着美颜镜头，出现在观众屏幕前的网红们几乎都有着无可挑剔的容颜，但是一旦出现在线下，粉丝们就会产生一种强烈的幻灭感。似乎离开了美颜镜头，网红偶像们就失去了"镁光灯"下的魅力。

在这样的情况下，具备什么条件的网红才能成为促进未来新型经济模式发展的强大助力？

《不一样的偶像》给出了我们答案。在该综艺节目首播的镜头下，铁锤李明霖、JB 组合、林枫、许嘉麟等网生偶像纷纷来到现场，大秀才艺。在这个过程中，各路网红不仅大显身手，还将自己对生活的追求与理解跟观众们进行分享。

这种完全不同于当前网红直播方式的套路，让嘉宾与观众的互动更为亲近，感受更加真切。这种无缝连接的方式，也让粉丝看到了这些新生网红们自强不息的心路历程。伴随着节目的不断展开，数以万计的粉丝用手中的鼠标向自己喜欢的偶像传递出了支持与鼓励。

分享已经成为网红拉拢粉丝最有效的手段。节目制片人高婕妤在节目的首播分享会上这样说："制作这档节目的出发点，是为了反映网络时代年轻人的生存精神状态，将网生偶像这一文化现象进行重新定义，带给网生一代全新的视觉感受与启迪。"

《不一样的偶像》背后有视袭影视、优酷视频两个强大的后盾，这也让该节目拥有了更多尝新的底气与资本。视袭影视出品人代表张炜婷表示，在《不一样的偶像》中，内容与电商得到了有效结合，给用户带来了全新的个性化的电商互动体验。

节目从内容切入，通过商品分享，引导粉丝进行收藏购买，进而完成整条消费链条的搭建，最大化提升了消费转化率。"网红＋内容＋电商"的全新玩法，以网红经济与分享经济为契机，在垂直内容的基础上打造出了优质的节目，并且在电商领域持续发力，最终实现了品牌的完美蜕变。

在这个信息高速传播的时代，网红与共享变得密不可分。在我们身边就有不少的网红，经常会利用手机直播进行海外代购，进而获得不菲的收益。

其实，网红主播的崛起，一方面有互联网技术与应用高速发展的原因，另一方面还有许多深层次的社会原因。最主要的，体现在以下几点。

第一，网红主播更能展现出互联网的洪荒之力。

在国内，走红的方式大致经历了这样一个过程：公司包装——参加选秀。在这中间，充满了评价体系与包装资源的垄断。这就造成了一个非常普遍的现象：一个人想要出名，就得依靠影视娱乐公司进行包装，或者是通过电视台的选秀节目进行晋级。比如红极一时的《超级女声》、《中国好声音》等。

然而现在，随着互联网技术的不断发展，资源壁垒正在被不断打破，价值更加多元化。在这种情况下，每个人都可以通过网络来关注自己感兴趣的个体。这就为网络主播的崛起提供了机会。只要网红能够分享出有价值的内容，只需要一次直播，就可能爆发出洪荒之力，一夜成名。

第二，网红主播更合适那些自由职业者。

国内当前的自由职业者很多，也是内容输出一个最大的来源。自由职业最早是指自由撰稿人，后来各行各业都涌现出了大量的自由职业者。社会组织的基本结构也从"公司＋员工"，演变成了"平台＋个人"。每个人都有了更多的发展机会，也拥有了更多发展的可能，只要你拥有足够吸引人的内容，每个人都能最大化地激发自身的潜能。

第三，网红主播本身具备分享经济的特性。

我国拥有庞大的网络用户，因此，分享经济在中国具有非常普遍的群众基础。截至 2015 年年底，中国手机网络用户规模达到了 6.2 亿，是全球移动网民拥有数量最多的国家。

不少网络大咖借助着分享经济的大潮，迅速创造了创业的传奇。比如，罗辑思维的罗振宇，从 2012 年 12 月 21 日首次开启视频读书节目始，他就在节目上不断与网友分享自己的读书所得，赢得了不少粉丝的追随与认同。虽然没有颜值，但是有内涵的罗胖子照样成为网红。

第四，直播平台成为网红最好的分享途径。

直播平台为网红的分享行为提供了最好的分享渠道。在主播平台上，网红可以直接分享自己的购物体验、阅读体验、生活经验等。比如说，某美妆平台上的网红，通过直播韩国购买化妆品的经验，直接就为自己的美妆品导流无数，获得了可观的变现。除此之外，网红在直播平台进行直播，也让商家在寻找合作伙伴的时候省却了不少的麻烦。商家可以针对自己的实际情况选择适合的主播，向意向主播发出邀请，在双方达成合作之后，进行直播。

网红在直播平台上进行信息分享，不仅让商户省去了寻觅主播的时间，还能让商户直观地看到粉丝们对主播们的评价。这就为那些自由主播以及兼职主播拓宽了商务活动的范围，让直播活动的变现方式变得更为多样化。

综合以上分析，我们不难发现，网红本质上，是带有一些共享经济的本质的。通过信息共享，吸引更多的粉丝聚集，汇聚大量的流量，也就拥有了更多变现的可能。

# ▶▶▶ 粉丝，网红背后的强大力量

助推网红成名的关键力量是什么？毫无疑问，是粉丝。拥有了粉丝，也就相当于拥有了这个世界上最宝贵的财富。

说到这里，我想起了里约奥运会时，一位选手身上发生的小插曲。

北京时间2016年8月6日，里约奥运会开幕。在运动员们步入会场的时候，来自太平洋岛国的汤加代表团饱受人们的瞩目。

引起全场尖叫，获得无数欢呼与掌声的就是汤加代表团的旗手皮塔·塔乌法托法。

精赤的上身，满身健硕的肌肉，闪烁着健康的油光。穿着汤加风格裙装的皮塔·塔乌法托法一上场就赢得了全场的关注，瞬间圈粉无数。

然而，不为人知的是，皮塔·塔乌法托法曾两次冲击奥运会资格无果，还饱受过伤痛的折磨。直到里约奥运会，已经32岁的皮塔才终于圆了他的奥运梦，而他也是汤加第一位参加奥运会的跆拳道选手。

不过此次里约之行能够成行，还是皮塔依靠着外界"众筹"才得以成功的。

《华尔街日报》报道，在里约奥运会之前，皮塔分别在众筹网站和自己的个人网站上发布了一个筹款页面，在该筹款页面上，皮塔说明，所有筹得的资金都将会用于自己的个人训练、路费、教练费、购置装配以及住宿等方面。

然而，筹款的结果却并不如预期那般美好，众筹项目发布四个月后，皮塔仅仅筹得了6000多美元，离他自己设定的10万美元目标差太多。

不过最后关头，居住在澳大利亚的汤加裔社区为他举办了一系列筹款活动，顺利圆了他的里约奥运之旅。


其实不仅仅是皮塔·塔乌法托法，在网红不断涌现的年代，不少有先见的网红借助着粉丝的力量，成功地完成了职业转型或者是流量变现，甚至是拥有了自己的事业。

Studiolee 的创始人就是其中最典型的代表。


Studiolee 是一家鞋类网红店。在 Studiolee 不上新的日子里，Studiolee 的店铺里几乎没有任何产品，但是一到了上新的日子，粉丝则需要时刻守着手机，掐着秒表，或者是请加价请代拍的方式才能买到现货。

每一次鞋店上新，店铺都会爆满，单款被拍下万件的盛况更是时常出现。一款产品往往上架两小时，就会达到供应链所能承受的销售极限。

Studiolee 是从一个 2000 人的辣妈群孵化而来，伴随着群中成员对单量以及产品品质要求的不断提高，Studiolee 创始人葡萄妈渐渐开启了自制模式。从 2015 年开始，Studiolee 注册了自有商标，开始潜心打造自主设计的产品。Studiolee 的第一个主打款式，就由其品牌创始人亲自设计。

现在 Studiolee 单款鞋子最高的销量已经达到了六万双，每到上新的季节，其爆发力甚至可以达到千万。在淘宝，甚至登上了女鞋类目第一，跻身第一梯队的网红店铺行列。

Studiolee 的成功绝非偶然，也给淘宝鞋类店铺提供了全新的经营思路。从传统的卖货思维，转向产品思维和消费者思维。

就拿 Studiolee 的创始人为例，葡萄妈非常擅长与粉丝互动，是一位微博高手。

不同于店铺中的"冰火两重天"，葡萄妈的微博每天都非常热闹，每时每刻都活跃着大量的粉丝，Studiolee 就是孕育于微博之上。

葡萄妈在微博上会分享很多重要的信息，包括新品剧透、产品细节、上新时间等，都会在微博上与粉丝讨论。

葡萄妈能够赢得如此多的粉丝，有着其个人的魅力。在早期，葡萄妈就曾在微博上分享穿搭、生活内容等，其独特的个人审美加上时尚的风格，为她积累了大量的人气。

在这个过程中，她看到粉丝对于那些高品质、具有设计感产品的

强烈需求，开店的念头就是在这个时候悄然滋生。

那个时候，淘宝上并没有哪一家鞋店能够将质量和价格完美地融合在一起，价格与质量往往处于两个极端。更多的店铺被卖货思维所捆绑，拿大路货，打价格战。追求性价比、高品质与设计感的产品几乎没有，市场存在空白。

葡萄妈在与粉丝的多年互动中，对粉丝们的风格与喜好非常了解，她在前期筹备工作中，就将产品的定位定在高性价比、高质量上。然后，通过精确地选款以及微博营销来带动店铺销量。

在 Studiolee 发展早期，全部的流量几乎都是葡萄妈个人所经营的微博转化而来。这个销售模式，也开启了淘宝鞋类目中"微博＋淘宝"的先河。

Studiolee 的成功，粉丝的力量功不可没。葡萄妈的微博拥有的粉丝数量高达 80 多万，比 Studiolee 店铺的 60 多万要多许多。在平时，葡萄妈也会花大量的时间来打理微博，取消僵尸粉的关注，让每一个关注她的人都既是粉丝又能成为顾客，这就提高了粉丝的转化率。此外，葡萄妈本身还具备一些吸粉的属性。

第一，葡萄妈有自己的穿衣风格，并且外形条件不错，互动性强，选款能力与粉丝的喜好高度重合，并且乐意将自己选中的产品与粉丝们分享。

第二，她偶尔会在微博上分享生活中的日常，真性情流露，毫不遮遮掩掩，这就让粉丝觉得她很真实，愿意信任她。

第三，葡萄妈谈论鞋子的频次非常高，几乎每天都会展示各种试穿图来进行剧透，并且会讲述试穿的感觉，录制视频介绍产品相关细节，甚至还会跑到制鞋工厂，解构鞋子的每一个生产流程。

正是因为葡萄妈时尚、前卫、真实，所以粉丝们更愿意相信她，认可她，为她的店铺和产品买单。


## ▶▶▶ 新媒体与众筹，拓宽网红变现渠道

网红从一种单纯的现象演变成为一种经济模式，跟时代的发展有着密切的关系。高度发达的信息网络，层出不穷的 APP，催生了一个全新的自媒体时代。在这个时代，每个人都可能成为信息的传

递者，每个人都可能成为意见领袖，号令群雄。

新媒体的诞生，让网红有了更加广阔的发展平台。便捷的社交工具，加快了信息分享与传递的速度。

在这个时代，有内容、有内涵的网红往往可以获得更多的发展机会。各种跨界，也成为"互联网＋"时代的必然产物。

就如同我们之前所说的文化跨界，通过互联网这个媒介，以及各种自媒体平台，让文化得以以一种互联网的形式获得"变现"。广大的互联网用户，在这个自媒体繁荣的时代，获得了一种衍生于互联网自身的东西，这个东西比之前的各种文化产品更加新颖，也更容易让当前市场用户接受。

在这个过程中，自媒体平台发挥着非常重要的桥梁作用。它将文化跨界与粉丝经济完美地实现了互通，实现了粉丝的流量转化与变现。

在信息高度发达的互联网时代，每一个用户都可能成为信息的传播体。这种全新的商业模式，与传统的行业环境截然不同。消费者不再是被动接受的角色，而是开始扮演主动传播的角色，并且用户在传递信息的过程中通常还能进行多向互动。

这种多向互动的信息流就是我们通常所称的"社交"。其中，最具代表性、并具有强社交属性的，非文化众筹莫属。文化众筹，非常适合互联网时代的传播形式，也因此，顺利地成为联结文化跨界与粉丝经济的重要纽带。

网红通过各种自媒体平台积累下大量的粉丝，再通过文化跨界，将粉丝流量进行转化，完成粉丝变现。

比如，罗辑思维、papi酱、二更食堂等自媒体平台，就因为能够持续输出优质的内容，而受到了资本市场的青睐。资本介入之后，就会迫切需要找到赢利点，迅速完成变现。papi酱获得风投之后，不久后就召开了广告招投标就是一个鲜明的例子。

相比于那些知名度不高的网红，papi酱的变现之路似乎更容易一些。知名度不高的网红，依旧在苦苦寻找着合适的变现渠道。一些众筹平台则为网红们提供了这样一个不错的平台和入口，粉丝流量在众筹平台上能够快速地实现过滤，筛选出"真爱粉"，再将这些"真爱粉"进行流量转化与变现。

在这个过程中，如何保障众筹项目的成功，需要重点考虑这样两个问题：成功率和产品闭环。

一些业内人士表示，在众筹过程中，成功率是项目成功与否的关键所在，而产品闭环则是项目是否能够顺利落地的重要筹码。

的确，基本所有衍生于粉丝经济的项目，都需要通过某种平台或者某个形式才能顺利完成变现。这个规律基本适用于所有的网红，不管是知名度高，还是没什么知名度的，都无法避免。

因此，对于一个拥有足够粉丝的自媒体网红，在进行项目众筹的时候，选择一个好的平台，就能极大地提升众筹成功的概率。

近些年，国内众筹平台不断涌现，这也让粉丝经济转化的途径开始不断增多。与此同时，众筹平台的质量也开始良莠不齐。对于任何一个项目发起人而言，一个好的众筹平台往往能够成为决定一个项目是否能够成功的关键。

那么，网红如何选择到优质的众筹平台，实现粉丝变现呢？

第一，看众筹平台上项目的成功率。

每一个到众筹平台去众筹的项目，最大的目的就是能够解决自己当前所遇到的资金问题。假如众筹平台不能让众筹者顺利筹得资金，项目必定就会因为资金不足而无法启动或者被搁浅。对于用户来说，他们在选择众筹平台的时候，也会选择那些项目成功率比较高的平台，这样才能保证自己的每一次付出都能获得相应的回报。因此，只有那些能够保证自己的项目成功率的众筹平台才能吸引众筹方与用户的关注，最终促进项目的众筹成功。

纵观国内的众筹平台，众筹率比较高的平台主要有京东众筹、苏宁众筹以及聚米金融等平台。这些平台在项目上线前期就会对项目进行严格地把关，后期则会依靠自身强大的背景，从用户、风控、资金、公关传播等方面全方位地支持平台上所上线的项目，助力项目在平台上顺利完成众筹。

第二，加强用户体验，形成"用户＋平台＋项目"的产品闭环。

众筹非常鲜明的一个特点就是具备社交属性，因为有着这个属性的存在，在众筹的过程中就需要不断优化用户体验。在文化类众筹项目中，更需要加入一些互动的属性。毕竟以网红粉丝为基础的文化众筹，粉丝们除了看中众筹收益，还会掺杂一些复杂的情感在里面。比如，源于对某位明星的崇拜、被某个项目故事所感染、圆自己一直以来的一个梦想等。这种带有情感的互动模式，成为以网红粉丝为基础发起众筹的一个特色。从这一点上说，用户体验是好是坏，也成为评判一个众筹平台优劣的关键所在。

国内不少做得比较好的众筹平台，就是因为在不断优化用户体验，所以能够在众筹领域不断获得成功。比如京东众筹、聚米金融和苏宁众筹等，它们之所以能够在众多的众筹平台中脱颖而出，最重要的一个原因就是非常看重用户体验。每当有新的项目在平台上线的时候，平台都会对其进行严格的风险把控。这在无形之中也就增强了用户的安全感，给用户吃下了"定心丸"。

综上所述，新媒体为网红开辟了展示自我的全新阵地，而众筹又为网红们拓宽了变现的渠道。新媒体的层出不穷和众筹平台的不断上线，为网红们提供了更多的发展契机。

## ▶▶▶ 网红经济的 IP 崛起之路

有专家曾经这样说起当今的网红，在直播间里，他们可能与粉丝互动得非常嗨，然而，一旦让他去跟商家互动，他可能就会不知道从哪里入手。

这对网红而言是非常不利的，想要成为一名优秀的网红，不仅需要与粉丝互动的能力，还需要能够把握住时代发展的风向。就以电商网红来说，他们不仅要懂宣传，更要懂时尚，时代流行什么，他们就能够去做什么。此外，如果他们还能介入到产品的生产设计环节，比如，给设计师提一些建议，"这里应该怎么设计""那里应该注意什么"等。就能够走在时尚前沿、抓住粉丝喜好，也才可能朝着 IP 产业化方向更好的发展。

这是一个高速发展的时代，一大批网红的快速崛起，也使得资本市场开始发生细微的变化。真格基金的创始人徐小平在上海交通大学的一场演讲中就曾发出过这样的感慨："过了一个春节，我对中国的创投环境忽然感到有点儿陌生，对有些事情感到不理解。比如，网红……直到遇到 papi 酱，我的投资理念开始发生巨大的变化。"

与凤姐和芙蓉姐姐时代的网红相比，如今的网红无疑已经上了一个新台阶。新一代的网红不仅能让我们的精神生活变得更加丰富，而且各种才艺都精通的网红们在这个时代还有望延伸出 IP 产业链条，创造出更高的商业价值。

说到这里，也许有人会问，既然网红在这个高速发展的时代有着如此多的发展机会，那么，我们究竟该如何打造出网红 IP？如何找准网红的商业化路径？如何拓宽网红的产业链条呢？

在 2016 年 3 月 24 日，上海 MBA 校友联合会主办的"热门网红产业公司和著名投资人圆桌论坛"上，一些知名的投资人纷纷发表了自己的观点。

我们将最受瞩目的观点归纳为如下几点：

第一，网红只有发展 IP，才具备投资的价值。

万紫千红网红联盟的秘书长闫新程说："在 2015 年 11 月份的时候，我曾评估过一个项目，当时我就预测，到 2016 年，有两个事物必定会红。一个是网红，另一个就是直播平台。"

在闫新程看来，看一个产业是否能够长久，主要看它的子集市场、交集市场、补集市场以及并集市场。网红产业的子集市场是时尚、奢侈品产业；而交集则是商家；并集则是网络综艺平台。这也就是说以后的电视综艺节目很可能将会面临着没落，而有价值的则是网络综艺。网络综艺背后最重要的那只推手，毫无疑问就是网红经纪公司。最后，网红产业的补集乃是重新整合的电商。

在经过商业演变之后，网红的收入也有了实质性的提高，一些做得不错的网红，收入甚至能够赶超一些二三线的明星。网红所爆发的这种惊人经济潜力，也让不少的商家开始争先与网红建立联系。

就连 BAT 巨头都在网红产业中频繁动作，比如腾讯投资了斗鱼直播平台，阿里巴巴投资了映客。不仅如此，作为国内的电商巨鳄，阿里还将可能成为国内最大的网红孵化器。网红在这个平台上的动作、声音以及跟客户互动的动作，都可能会成为阿里大数据中的宝贵资源。

纵观网红的发展史，从第一代时的事件网红，到第二代的娱乐网红，再到现在的商业网红，商家开始越来越多地参与到网红的活动中去，开始思考如何通过网红来获取利益。可以预见，在不久的将来，娱乐网红会大范围向商业领域进军，进而开拓出一条新的网红之路。

身为娱乐网红，有颜值、有内容就可以，但如果想要成为一名优秀的商业网红，则不仅需要颜值和内容，还需要有气质与能力。也就是说，当商家找到你的时候，你能够跟商家愉快地互动、沟通。网红孵化器出现的一个很重要原因，就是帮助网红塑造气质，以便网红能够朝着与商家所推出的产品相匹配的方向发展。

从网红近期的发展动向不难看出，网红发展 IP 已经成为当前网红经济的一种趋势。然而，想要打造出自己的 IP，网红一定要让自己具备一定的商业价值。打个比方，你在某个直播平台上拥有几十万的粉丝，这不能算作 IP，因为你还没有经过市场的检验，投资人也不一定会认可你。反之，一旦你成为商业化的网红，你也就具备了投资的价值。比如，papi 酱，很多人都已经认可了她的商业价值。

第二，想要打造出优质的 IP，必须要有优质的内容。

虽然目前网红已经从之前的非主流事件朝着商业化转化，但是，网红的质量却呈现出了良莠不齐的状况。

不服 APP 的戴峰曾说起过这样一件事。


我曾找到一家网红经纪公司，这样问他们："你们有多少人，我们能不能合作一下？"

结果，这家网红公司是这样答复的："我们平台上大概有几千甚至上万的网红。"

我接着问："签约的有多少人？"

别人答："没几个。"

为什么会出现这样的现象呢？对于商家而言，好的网红，大家不敢签，也签不起；而差的网红，商家又觉得没有必要签。这其中最重要的一个原因，就是很多网红都不具备商业价值，没有商业价值的网红，是不能发展 IP 的。

如今，网红经济虽然盛行，但是其中一些残酷的现实也不容忽视。很多网红的生命周期都非常短，上一任网红的名字你可能还没有记住，新任的网红却已经诞生了。

在这种情况之下，网红想要长久地留住粉丝，就只能依靠优质的内容。也正是因为如此，越来越多的风投变得冷静了下来，更加看重网红内容输出的能力。然而对于网红而言，单个人想要持续输出优质的内容是很难为继的，这还需要团队合作才能实现。

第三，网红最佳的变现方式，仍旧是电商。

网红电商背后的商业价值，往往是让人咋舌的。比如，淘宝网红张大奕，一个仅仅二十几岁的女孩子，一年的销售额就能达到 2.6 亿，就算是分成之后，她也能够拿到一个亿。还有王思聪的前女友雪梨，在淘宝上的年收入也达到了七八千万。

类似这样的电商网红，就有很大的投资价值，也很可能会成功塑造出一个品牌。

当前，网红所传播的，其实就是一种生活的方式。直播节目中的网红输出的则是品牌、时尚，一种比较前卫的价值理念。当粉丝看到他们的时候，心里或许就会想，"我也想成为这样的人""这样的生活或许会很有意思"。基于这样的共鸣，粉丝很可能会购买网红所推荐的商品。

不难看出，从内容上的严要求，到产业链条的延伸。各路网红正在不断朝着 IP 产业化的道路加速前行。在未来，IP 化的网红才可能具备更强大的生命力，创造出更大的商业价值。

# 第八章
## 网红经济典型案例分析

  伴随着网红经济爆发出巨大的经济潜力，越来越多的人开始将目光聚焦在网红这个新兴的经济领域。从目前网红的变现方式来看，主要有电商、广告、直播平台的打赏等。利用不同的变现方式，网红们在各个不同的平台上充分发挥出了自己的智慧，为网红经济领域创下了一则又一则经典的网红变现经典案例。

### ▶▶▶ 淘品牌起家的"如涵电商"

说起电商网红的经典代表，非如涵电商莫属。如涵电商最早是一家淘品牌店，叫作"莉贝琳"，一年的时间内，"莉贝琳"成功跻身淘宝集市商家的前 10 名。2012 年，如涵电商成立。从 2014 年开始，如涵电商开始转型，以网红电商为发展方向，致力于打造个人化品牌。如涵电商这一转型，使其成为国内第一位规模化的网红电商。

2015 年 10 月，如涵电商获得了由君联资本领投，赛富亚洲跟投的数千万 B 轮融资，开始了其网红电商发展的新征程。

在谈及投资如涵电商的原因时，君联资本给出了这样的说法：第一，自从 2014 年阿里巴巴在美国上市，电商的运营环境正在恶化，流量费用日渐提高。这就好比线下一些实体店为了获得更好的客流，需要不断地调整自己的地段。黄金地段抢手，也就造成了好位置的成本不断提高。这条规律反射到线上的店铺则表现为流量成本开始不断增加，流量分配不均。这个规律所导致的直接结果就是，超过八成的网店收益其实并不好。而如涵电商以网红为切入口，利用网红为网店引流，这也是君联资本投资如涵的一个重要原因。第二，在"大众创业，万众创新"的时代，内容产业开始爆发出巨大的潜力。长久以来，国内的内容产业需求一直都很旺盛，但内容供应却始终处于一种供应不足的状态。究其根本，就是因为国内对盗版的监管不到位，导致了很多内容创作者缺乏动力。近些年来，国内的监管体系开始不断完善，盗版得到了清理，内容产业开始出现一种井喷式的爆发趋势。在这种情形下，投资原创内容比较丰富的如涵电商也是一个不错的选择。第三，社交网站的集体式爆发，以及移动互联网技术的不断更迭，使得社交变得更加简单化、垂直化、碎片化。需求导向更加明显，通过社交网络，网红与粉丝的交流壁垒被打破，网红能够更好地帮助电商引流，而粉丝也能更直接地找到自己想要的商品。

基于这三个方面的考虑，君联资本领投了如涵电商此次 B 轮融资，为如涵电商的进一步发展添了一把火。

如涵电商的崛起，让不少人的网红赚得了人生的第一桶金。其中尤其需要提一提的就是网红电商的典型代表，张大奕。

在 2015 年，张大奕的电商事业让她轻松入账 3 亿元，折合成美元，大约是 4600 万美元。此前《福布斯》杂志曾经报道了一组数据，称中国著名女星范冰冰去年一年赚了 2100 万美元。如果将二者的收入进行对比，不难发现，电商网红的收入甚至可以完胜那些当红明星。

改变张大奕命运的就是如涵电商。在没有成为如涵电商的电商网红之前，张大奕是瑞丽的模特，在事业上一直都没有什么起色。直到遇到如涵电商，张大奕才找到了真正的发力点，打开了一个属于自己的新世界。

那么如涵电商为什么能够在成立这么短的时间内，就成功造就了这么多的电商网红呢？其中一个非常重要的原因，就是如涵电商借助网红的知名度成功地降低了线上店铺的获客成本。简单举个例子，如果我们在淘宝开一个店铺，为了获得流量，就需要采用一些必要的宣传推广手段，比如——直通车。淘宝的直通车是根据顾客点击进入店铺的次数来进行计数收费，假如每次点击需要商家付出 0.5 元的宣传成本，每点击 1000 次有一位转化顾客，消费 100 元。那么，推广所需要付出的成本是 500 元，而收入仅仅只有 100 元。很显然，推广所需要的费用要远远大于营业的收入。但是如果是店铺与网红合作的方式，结果就会大不相同了。我们简单假设一下，假如每一位网红都自带 20000 名粉丝，其中会有十分之一的粉丝完成转化。网站与网红合作的方式是分成模式，那么，电商的营收就是 10% × 20000 × 100 ＝ 200000 元。就算网店与网红是五五分成，网店的收益仍旧是非常可观的。网红因此而受益后，也会更加积极地去增加自己的内容，吸引更多的粉丝，为网店转化更多的流量，最终形成一种良性的循环。

网红与电商的合作可谓是优势互补。电商缺乏流量，拥有完善的运营体系与商业逻辑，而网红拥有粉丝，却没有管理运营经营以及产品供应链。就比如张大奕，她之前不重视打造粉丝圈，也缺乏与粉丝的互动，但是她拥有一个非常好的优点，就是喜欢和别人分享自己的好东西。她这个优点也成为她开网红店最大的优势。

如涵电商的高层负责人曾这样说："网红就像是艺术生，他们有想法，也有粉丝，但是缺少运用内容留住与扩大粉丝的能力，以及更深层的对数据的分析以及对技术的把控。这些恰恰是我们所擅长的。"

电商与网红合作，二者都取得了不错的收获。但另一方面，我们又不能否认，如涵电商的商业模式在某种程度上可能会形成商业壁垒。就拿京东来说，对于那些低毛利的领域，规模大小非常重要，但是对那些高毛利的领域，规模就显得没有那么重要的了。比如，旅游类的轻服务。

而在淘宝大肆盛行的年代，流量不属于任何人，想要胜出就必须要拼运营，到最后会越拼越难。拥有去中心化的内容就可以很好地解决这个问题。当完成去中心化以后，每个网红都能够发挥自身的能动性，网红也可以直接从销售额中获得分成。在利润的驱使下，网红就会非常积极地制造吸引人的内容与粉丝互动。

网红在电商发展过程中的关键作用也就不言而喻了。当然，我们需要注意的是，让流量变现的一个重要方面是，网红能够与网友顺利建立起社交属性。从微信与微博的发展来看，这一点很好理解。微信自其问世之后，其活跃用户就在持续增长，始终处于高位，而微博的活跃用户却在逐渐下降。这其中最重要的原因就是微博的社交属性不如微信。

从社交属性方面来说，在未来，那些真正能够创造优质内容，与用户建立起强关系，并且非常"接地气"的网红才可能如同张大奕一样，凭借着优秀的电商平台，成为一名出色的网红电商，否则，则极大可能被庞大的网红电商队伍所吞噬。

## ▶▶▶ 直播代购，新晋电商网红首月销 50 万

随着直播软件开始泛滥，代购直播已经成为人们生活中非常熟悉的内容。如今打开手机，连接网络，只要你想看，随时都能看到各种类型的直播，代购就是其中的一种。

2016 年 8－9 月间，蘑菇街红人"sasa 罗"就玩了一把代购直播，在短短一个月的时间里，她的红人店销售额达到了 50 万。

sasa 罗未曾爆红之前，只是一个拥有着模特梦，却不被绝大多数人看好的女孩，然而，她从未放弃过努力。

和绝大多数女孩子一样，sasa 从小就非常爱美，她曾经想过要考电影学院，去当明星。然而在毕业前夕，她深思熟虑了一个星期，最终还是瞒着家人报考了一所化妆学校。在那里，sasa 认识了做模特的男友仲鹤，仲鹤热爱日系摄影却又默默无闻。两个人一个学摄影，一个学化

妆，联手接网店的单子拍平面广告。

然而，sasa 并不是一个天生的美女，大嘴、宽脑门、小个子，这几乎都是模特的致命伤。在最艰难的时刻，仲鹤不断地鼓励她："你所遭遇的是当年舒淇的待遇，你早晚会红的。"

后来 sasa 成为蘑菇街的专属模特，她甜美的笑容就好像阳光一般温暖闪耀。

在 2015 年，sasa 还参与了《时尚芭莎》杂志所发起的致敬经典封面活动。sasa 选择了向影后李冰冰致敬，这张复刻自李冰冰在《时尚芭莎》24 周年艺术纪念刊的封面，充满了女性的睿智与优雅。

积攒下一定的名气之后，sasa 开始朝着"电商网红＋时尚直播"转型。

在 2016 年的 4 月，蘑菇街直播功能上线，sasa 与粉丝相约直播间，开始在直播间各种晒，穿搭、化妆、直播代购。她对粉丝热情认真的态度，赢得了粉丝们对她最真挚的喜爱。她成功完成了从一个平面模特向网红的转型。在蘑菇街，她所开设的个人直播专栏"sasa 美妆间"拥有的粉丝就有近 80 万。

sasa 不断的努力终于换来了丰硕的成果，不少品牌商以及电商商家对 sasa 表示出了特别的关注。经过红人平台 uni 引力的数据分析以及技术支持，sasa 与蘑菇街一家排名前十的美妆商家达成了合作，开办了红人店。

sasa 的主要身份是主理人、时尚买手以及红人主播，利用自己的专业时尚知识，为粉丝们挑选更加优秀的产品，同时产出更优质的直播内容。与之对接的商家则主要负责支持店铺运营以及供应链的打造。

因为 sasa 拥有专业的美妆知识，还能制造有创意的内容，很快，她就受到了粉丝们的热捧。

2016 年 8 月 9 日，sasa 在蘑菇街的红人店开店第三天，sasa 飞韩国首尔，通过手机直播了对金秀贤化妆师的现场访问，向粉丝们介绍了那些鲜为人知的明星妆容技巧。

这场直播活动，打通了"逛、播、买"，韩剧中的取景地、免税店、明洞以及韩妆的品牌工厂店，全部都出现在了 sasa 直播的镜头里。在 sasa 直播的过程中，她红人店中的韩系商品链接也被粉丝们一遍一遍地打开。这一次单场直播活动，sasa 拿下的成交额超过了 10 万元。

有合作店铺补充上自己的供应链环节，加上场景化的消费模式，sasa 在蘑菇街的红人店上线仅仅一个月，就取得了可喜的成绩。在近 80 万粉丝的拥戴下，她一个月所收获的点赞超过了 500 万次，月成交额更是达到了 50 万元，平均的客单价是蘑菇街全平台美妆类目总平均客单价的 2.41 倍，日均加购的人数则是惊人地达到了全平台美妆类目平均数的 5.43 倍。

如今的 sasa 可谓是一个真正的大忙人，拍广告、开直播、挑款式、经营红人店，生活过得多姿多彩。不仅如此，她还给自己提出了更高的要求：在不久的将来，拥有完全属于自己的个人品牌。

从一个不被别人看好的女孩，到与李易峰合作拍广告大片，再到拥有近百万粉丝的时尚女主播。sasa 通过互联网这个平台完成了华丽的蜕变转身，也开启了属于自己的网红新时代。

# ▶▶▶ 个性化发展的"缇苏电商"

随着网红经济爆发出巨大的经济潜力，不少人开始将目光瞄准了网红电商，一些专家甚至认为，网红电商会是未来发展的一种趋势。

在这种形势之下，缇苏电商应运而生。缇苏电商的主要运营方式是为网络红人以及明星艺人量身打造个人服饰品牌，然后再在淘宝网等线上电商平台进行销售。

缇苏电商的创始人施杰拥有多年的电商从业经验，其最核心的能力就是具备前期柔性供应链的生产，以及后期获取流量的强大能力。但同时，他又有着不容忽视的劣势，那就是缺失中间的品牌资源。

在网红经济席卷而来之时，施杰敏锐地洞察到了这个机会，并果断创建了缇苏电商。目前，缇苏电商旗下已经拥有了大量自主品牌以及知名网红服饰品牌，其中就包括广为人知的 VCRUAN、榴莲家、OMG、小兔定制、腻娃定制、曹露家、毛小兔、泡沫之夏（天猫自营店）等知名的网红店。

在缇苏电商发展早期，光线传媒就注意到了这个新兴的电商平台。在光线传媒的投资者看来，缇苏电商代表着未来电商的一种发展趋势，值得关注与期待。资本对缇苏电商的青睐，不是因为它拥有多少品牌，而是因为它更看重人的发展思路。

的确，电商最初的发展模式是把传统的产品拿到互联网上去卖，主要是靠商品本身的价值来吸引人；然而，随着信息化的发展，消费者获取信息的渠道变得越来越多样化，传统的营销渠道已经很难通过狂轰滥炸的推广对消费者造成影响，这就直接造成了消费者的购买渠道正在发生变化。消费者获取信息渠道的变化，让网红电商有了更多的发展空间与用武之地。网红本身吸引流量的强大能力、网红内容制造的能力与宣传分享的影响力，都注定了网红电商更符合这个时代的发展趋势。

网红电商发展炙手可热，成功吸引了资本的目光。光线传媒在 2016 年的 5 月份与杭州缇苏电子商务有限公司签署了《增资协议》及相关文件，光线传媒的全资子公司北京光线影业有限公司拟以自有资金3000万元认购杭州缇苏新增股权，同时受让缇苏股东施杰转让的股权。此次增资与转让完成之后，光线影业股份所占比例达到了缇苏注册资本的6%。

在光线传媒的高层看来，网红经济近些年爆发出了强大的增长潜力，正在成长为一股新兴的经济力量。网红经济不同于传统经济，网红经济是由时尚、电商以及社交融合而成，对消费者的定位足够精准，营销覆盖范围广，能够将内容、信息传递以及消费紧密地结合起来。与此同时，内容、传遍以及消费相互驱动，互相支撑，成为互联网时代一种独具特色的经济现象。

缇苏电商顺应这股经济潮流，站在了时代的风口，与各大知名网红建立了联系，与众多的自主品牌以及网红服务品牌达成了合作，成为网红电商中一匹潜力无穷的黑马。

针对与缇苏电商合作之事，光线传媒表示，光线传媒作为中国最大的内容生产集团，在电影以及动漫等领域一直处于领先地位，对行业拥有敏锐的前瞻性。此次光线传媒把握住了经济发展的新动向，稳步扩大在生态产业链条中的布局，为未来赢得了更多的发展空间。

与传统的电商相比，网红电商同时具有内容与渠道的属性，光线传媒对缇苏电商的投资正是看中了其这一优势。经过此次投资，光线传媒能够更好地保持住公司在新生代中的品牌影响力，也能够更好地把握住主流消费人群的消费习惯，从而形成内容、网红经济以及衍生品业务之间的紧密联系，丰富公司自有内容的变现方式，对公司布局电子商务领域，完善产业链条有着战略性的意义。

光线传媒对缇苏电商的大手笔投资以及关注，在某种程度上其实就表明了网红电商所具备的旺盛生命力以及巨大发展潜力。

其实，在电商网红尚未开始崛起之前，光线传媒就抓紧布局网红电商领域。早在2012年，光线传媒就曾以7500万元投资浙江齐聚科技有限公司，并获得了该公司32%的股权。现在更是与浙江齐聚科技有限公司的股东金华傲翔信息技术有限公司签署了《股权转让协议》，以约1.31亿元的自有资金受让傲翔所持有的36.3792%股权。完成此次转让之后，光线传媒将会成为浙江齐聚科技有限公司的控股股东，持有浙江齐聚63.21%的股权。

谈及对齐聚投资的原因，光线传媒相关负责人表示，当公司2012年首次投资浙江齐聚的时候，就发现了网络直播这种新兴的互联网体验形式将会给行业带来怎样的巨变，公司敏锐地洞察到相关的产业趋势，并据此进行投资与收购。而近些年网络直播产业雨后春笋般的发展，更是直接证明了公司当初对行业的布局是明智且极具前瞻性的。

不管是投资缇苏电商，还是投资浙江齐聚，光线传媒几乎都是基于网红电商将迅速崛起的考量。而很显然，当它顺应了时代发展的潮流时，也将会获得异常丰厚的回报。

# ▶▶▶ 更具人性化的"大家 CARS"

说起"大家 CARS",大家也许会感觉比较陌生,但是提起车评人 YYP,相信很多汽车爱好者就会有所耳闻。YYP 在 2006 年创办了新车评网,又发起了"大家 CARS"这个创业项目。

大家 CARS 是 YYP 结合多年从业经验,所整合出的一个全新事业,更是一个包含了全新维度的汽车信息以及消费者的社群。名字中的"大家"有两层含义:第一,就是广义上的"大家",你我他;第二,就是狭义上的"大家",大咖、大人物等。这两层含义构成了大家 CARS 的核心内涵。

大家 CARS 要做的事,是推出一个 APP,以用户发布分享内容为基础,然后邀请汽车业界的各类"大咖"入驻,在线与消费者进行交流互动。

在 2016 年年初,大家 CARS 项目开启融资之路,计划融资 600 万元,出让项目 15% 的股权。融资采取了"领投 300 万元+跟投 300 万元"的模式。头狼资本、顺络电子股份董事长袁金钰、头狼资本合伙人周庆锋联合领投。而跟投的 300 万元,原本计划是在头狼平台向投资人进行非公开股权融资 200 万元,然后再向 YYP 的铁杆粉丝进行非公开股权融资 100 万元。

然而项目推出之后非常火爆，跟投过程中共计收到了 605 份正式认购申请，累计申购金额达到近 1200 万元。YYP 与头狼平台上的意向投资者进行商议之后，决定消减该平台上意向投资者的领投份额，给 YYP 的粉丝们留出更多的投资份额。最终，160 名粉丝投资人有幸被选中，共计投出了 300 万元。

　　该项目虽然只是一个简单的"领投＋跟投"模式，但是我们不可否认，YYP 个人粉丝的力量是不容忽视的。仅仅 YYP 的粉丝就能够认购 605 股，认购金额达到 1200 万元，YYP 个人对粉丝的号召力由此可见一斑。

　　其实，YYP 此次募集过程中个人粉丝所爆发出来的强大购买能力，实则就是网红引流的一种表现。头狼资本早在投资大家 CARS 的时候，就已经发觉基于人性化的成型电商在未来具备巨大的发展潜力。就以 YYP 来说，因为他具备专业的能力、特殊的技能以及独到的思想，在车评界堪称意见领袖，由此赢得了不少粉丝的喜爱。在意见领袖与粉丝亲密互动，让粉丝对他产生依赖与信任，形成独有的社群时，就能够避免粉丝因为代入形象与意见领袖真实情况存在差距，而形成落差。同时，也就避免了网红在变现的过程中使得粉丝感觉到失望，变现遇到不必要的麻烦。

在大家 CARS 进行融资的过程中，头狼资本所选择的"机构领投＋粉丝跟投"的非公开融资模式，充分利用了 YYP 个人的粉丝力量，从而极大地降低了机构所承担的风险。

在网红经济大发展的时代，网红名人自身所带来的流量往往是不容忽视、潜能巨大的。粉丝，同时也就意味着一笔巨大的财富。对于投资某个网红的投资平台而言，当他们发布了某个项目，愿意接受粉丝投资的网红才是比较可靠的。

从某种意义上说，这种非公开股权融资的模式，其实是变相用粉丝"绑架"网红，用粉丝来为机构的投资做后盾。此外，粉丝作为网红的忠实支持者以及其产业的第一批种子用户，既能够为其产品的更新换代提供最新的意见，同时又会自发地充当其早期产品的推广者。

大家 CARS 融资的成功，未尝不是 YYP 个人粉丝力量在变现过程中的体现。在网红经济大发展的时代，任何一个拥有海量粉丝的网红都堪称一座移动的金矿。只要变现的方式足够合理，能够赢得粉丝的信任，粉丝都愿意为自己偶像的事业买单。

## ▶▶▶ 酸奶公司的"圈粉儿"之道

不少人能成为网红，这并不新鲜，但是一杯酸奶成了网红，这就有点儿新鲜了。

在网红经济的大潮席卷之下，有一位营销牛人却硬是将一杯酸奶变成了网红，还顺利地圈粉无数。

这家公司规模不大，发展速度却极为惊人。最初，这家公司仅仅是在北京的三里屯拥有一个 35 平方米的小店，发展到现在，已经覆盖了全国 93 个城市。业绩也从当初的零迅速做到了几个亿。

这家公司最为人称道的地方，就是其"奇葩"的营销方式。在营销推广上，其最常采用的方式就是硬广，但是这种纯硬广推广，竟然可以有上百万的阅读量。

比如他们推出了这篇硬广《最适合在办公室吃的食物》，虽然都是针对自家零食展开的纯硬广，但是在知乎的话题榜排名排到了前十，单单是赞同数就超过了六万。在知乎这个"清高"的知识型平台上，获得六万的赞同数实属不易。

当然，这则硬广背后的操纵者，也有着非常耀眼的成功者光芒。硬广创作者刘丹尼，同时也是酸奶公司的创始人，出生于1988年，曾就读于沃顿商学院。在从业经历中，他曾在全球最大的私募集团黑石担任分析师，年薪达到了150万，还曾被百事可乐聘为特聘顾问。

刘丹尼可谓是业界出了名的营销操作高手，前几年，人人网上有很多非常火的文章，都是出自他之手。这样一位营销奇才，创办了一家奇葩的酸奶公司，运用了别具一格的运营思路，硬是将一杯酸奶捧成了网红。

那么说了这么多，刘丹尼的营销思路究竟是怎么样的呢？一杯酸奶又究竟是怎么火起来的？

据刘丹尼自己说，一直以来，他都对快速消费品很感兴趣，在担任两家世界500强企业的特聘顾问期间他就发现，整个快消行业近二三十年来，运营模式几乎没有变过。

而在中国，乳制品行业还面临着一个巨大的危机，那就是国人对国内乳制品不够信任。很多人宁可花巨额金钱去买新西兰、德国或者荷兰那些从来没有听说过的牌子，也不肯购买国内一些品牌的产品。

在刘丹尼看来，国内大牌产品遭遇没落，最主要的原因还是在于市场。市场的变化速度太快，一些品牌生产商不能及时地满足消费者的需求。当消费者的预期全面升级的时候，企业原本围绕着渠道所打造的组织架构，与消费者的需求已经不能很好地契合了。

这对传统巨头而言，是个挑战，但是对新的品牌来说，却是个机会。

刘丹尼根据自己以往的从业经验，改变了传统的经营方式，用用户打通了整个产业链条，围绕用户重新搭建起组织架构。

他所创办的这家全新的酸奶公司，组织架构与传统的乳制品企业完全不同，主要由五个部分组成：产品运营部、内容运营部、用户增长部、用户运营部、用户体验部。

所有部门的工作全部围绕用户而展开，从产品的研发、定价、包装设计到推出新品，全程都有用户参与。很显然，这个运营模式与传统的乳企运营模式是完全不一样的。

刘丹尼还举了一个例子，乐纯所研发的全球第一款榴莲酸奶。这款产品的问世，就是公司听取了乐纯用户中许多榴莲爱好者的建议，经历了十次以上的试吃迭代，以及五十位美食达人的反馈研制而成的。在这个过程中，乐纯团队在各大社交平台挖掘出了不少对榴莲有着强烈喜好的人，组成了试吃团，在试吃了 200 盒酸奶之后，最终研发出了爆款口味的乐纯榴莲酸奶。这款产品从研发到问世，仅仅用了三个月的时间。

很显然，这家公司的成功很大程度上得益于与粉丝的互动。在刘丹尼看来，一个公司想要持续成功，不仅需要战略，更需要组织能力。战略可以去模仿，但组织能力模仿不了。所以刘丹尼对公司重新进行了组织构建，以用户为中心形成了全新的经营模式。

总结起来，他的营销推广有这样几点可取之处：

第一，用户至上。

传统的广告营销往往是从自己的意愿出发，向用户硬性地推销产品，而不是关注用户的感受，这就很容易引起用户的反感。而刘丹尼在做内容的时候，大多时候在考虑的是如何给用户创造出更多的价值。不管是在拍摄视频还是在写微信文章或者是发微博，其出发点都是从用户的角度考虑的。

第二，没有套路，只有真诚。

很多人在写硬广内容的时候，往往多套路而少真诚，这就很难引起消费者的共鸣。相反，如果营销策划人员在写作推广内容的时候，能够多走心，靠着真心以及对用户有用的内容来打动他们，而不是靠着追热点、跟套路，往往也就能够获得不错的推广效果。

第三，用口碑赢得用户。

赢得用户的方式虽然有很多种，但是能够让用户心甘情愿留下来的，恐怕只有好口碑。经过专业人士的研究发现，口碑是用户增长的第一要素。举个形象一点儿的例子，你在电视上或者在电梯的楼梯间里曾经看到过很多的广告，但是，这些广告通常很难触动你的购买热情。然而，一旦你身边的熟人跟你说过某个产品很好用之后，你很可能立刻就会产生购买的欲望。这就是口碑的强大威力。刘丹尼发现了这一点，并且坚持做好产品的口碑。靠着死磕产品与口碑，乐纯这家酸奶公司PK掉了不少外国优秀的品牌，拿下了米其林餐厅的酸奶供应商资格。

一杯酸奶，被捧成了网红，背后的故事值得我们借鉴。首先，刘丹尼本身具备非常丰富的从业经验，在酸奶这一行算得上是一位意见领袖。也就是说，在这个领域里，他所说的话有人愿意认同，也有人愿意为他的产品买单。其次，他最聪明的地方不是把自己捧成网红，而是把产品捧成了网红。他很清楚，他虽然有颜有才，符合网红的基本特征，但是小鲜肉做网红，容易红，也容易见光就死。相反，他把一款产品打造成网红，这种营销模式的升级，也让他的公司更加具有升级潜力与杀伤力。

当然，对于这家新兴的酸奶公司来说，虽然在很短的时间做到了第一，但是如何加强粉丝黏度，强化供应链，将这款网红产品做成高频长销的习惯性产品，还需要其掌舵者进行更多的思考。

## ▶▶▶ 从待业爸爸到时尚设计师的成名之路

在美国的一家社交网站上，一位待业爸爸因为经常在网上晒女儿的各种穿搭造型，受到了不少网友的关注，快速火了起来。

这位待业爸爸叫作 Pete Fuentes，他和男朋友 Jason 领养了一个活泼可爱的女儿 Harlow。大约是在四年前，他们从洛杉矶搬到了墨尔本。

Jason 上班，而 Pete 在家照顾女儿，初到异国，Pete 每天无事可做，过着无聊的家庭妇男生活，打扮女儿成了他每天最有趣的工作。

　　Pete 与别的父亲不一样，他喜欢时尚、漂亮的东西，不像某些父亲那样大大咧咧。经过他的手，Harlow 每天都被打扮得非常漂亮时尚。

　　女儿 Harlow 也很爱漂亮，同时也非常喜欢拍照，于是 Pete 每天都会把女儿的造型拍下来，然后发布到网上，作为女儿的一个成长记录。

　　各种萌萌的表情，时髦的装扮，一下子就吸引了网友们的视线，这些照片获得了众多网友的关注，他们一致认为这个小姑娘实在是太摩登了。

经过爸爸的巧手打造，小姑娘不管是背着名牌包包，还是背着当地品牌的包包，都能自带一种独特的气质。

Harlow 今年只有五岁，但是各种凹造型、摆拍，随性自然，完全已经具备大牌超模的风范。

Pete 则说，用那些他感觉舒服又有型的造型来打扮女儿，是一种乐趣，而且女儿也很享受这种在时尚之中漫步的感觉。

Pete 所拍出的这些时尚感十足的照片甚至还吸引了社交名媛 Kourtney Kardashian 的关注。她对这对父女的创意穿戴非常欣赏，这极大地鼓励了 Pete 的创作热情。

Pete 与 Harlow 在社交网站迅速蹿红，他们的社交账号也已经拥有逾 11 万的粉丝，Harlow 也因此成为一名小网红。

当然，更重要的是在打扮女儿、给女儿不断拍照的过程中，Pete 与 Harlow 的关系更加亲密了，他非常庆幸自己能够拥有这么一个可爱美丽的女儿。

不仅如此，因为 Pete 在儿童时尚方面所表现出来的天赋，已经有儿童时尚设计方面的企业向 Pete 投出了橄榄枝。而 Pete 自己也打算到儿童时尚界发展。Pete 对自己的未来还非常有自信，他坚信在未来自己一定能够在儿童时尚界大有作为。


从一位待业爸爸到儿童时尚界的设计师，Pete 凭借自己的才华以及一个社交平台，完成了华丽的蜕变。

的确，在网红经济大发展的时代，只要你有精彩的内容，能够赢得观众的喜爱与认可，也许你就能成为下一个网红。在这个流量就是金钱的时代，网红所拥有的流量越多，也就意味着所拥有的发展机会越多，变现能力越强。这也就刺激着越来越多的人，越来越多的公司前仆后继地投入到了网红经济的发展大潮中。

# 第九章
# 网红经济的未来不可小觑

　　随着 papi 酱一跃成为新晋网红的代表、成功融资3000万，网红身上所蕴藏的巨大价值正在被人们不断地挖掘出来。网红平台、网红孵化公司、网红电商等以网红为吸引流量的主要手段的各种类型经纪公司开始如同雨后春笋一般冒了出来。

　　各种网红经纪公司呈井喷式爆发增长，从某个程度上也反映出了网红经济的未来不可小觑。

## ▶▶▶ 不可小看的网红经济投融资成功率

随着一大批的网红陆续涌现，围绕网红所发生的投、融资个案也是越来越多。以昆仑万维为例，近年来，可谓是从未停止过在网红经济领域的投资，从直播平台映客，到如涵电商、快看漫画，再到微博知名漫画红人"使徒子"的 IP 内容，昆仑万维的投资领域几乎无所不包。

在 2016 年 9 月 20 日晚上，昆仑万维发布官方通告，宣布其旗下全资子公司西藏昆诺赢展创业投资有限公司与北京徒子文化有限公司签署协议。昆诺赢展花费 1400 万元，以增资以及股权转让的方式获得徒子文化 20% 的股权。

说起徒子文化，就不得不提起创始人、知名的微博漫画红人"使徒子"。"使徒子"是覃清硖、王磊两个人的合称，二人在 2009 年创立了徒子文化有限公司，公司的主营业务就是漫画内容创作以及对上下游产品的开发与授权。

徒子文化与映客、如涵电商非常相似，那就是同样具有网红的基因。"使徒子"二人组中的覃清硖本身就是网红，在新浪的微博平台上拥有极高的人气，粉丝众多。在 2015 年度，中国网红的排行榜上，覃清硖排到了第十八位。

昆仑万维投资徒子文化是深思熟虑的结果。徒子文化在 2016 年曾经创造了不少知名的 IP 项目，其中《阎王不高兴》《如何科学使用超能力》《一条狗》《脑袋我个超市》等在微博上圈粉无数。单以《阎王不高兴》来说，自从其连载以来，阅读总量已经突破了 9 亿。而《一条狗》系列漫画在全网的阅读总量则高达 20 亿，衍生出版物超过十万册，并且其相关的 IP 影视改编权也已经被购买。

经过此次投资，昆诺赢展不仅享有了使徒子公司的股权，还享有了以 100 万元的对价获得徒子文化所持有的作品《豪学竞技》在影视以及游戏等领域的授权资格。

昆仑万维此次投资，可谓是在高度重视自身主营业务的同时，顺应网红经济的发展潮流，积极调整对核心目标的产品选择，拓展影视游戏版块，致力于打造出一个全新的国际化数字娱乐与新媒体平台。

昆仑万维的一系列动作，既说明了资本市场对网红经济非常看好，同时也说明了网红内容经济已经成为一个非常具有发展潜力的领域。就以当前最炙手可热的一些网红来说，papi 酱、同道大叔、薛之谦、费玉清，不仅拥有着极高的知名度，各自的身价也是令人咋舌。

昆仑万维作为一家游戏公司，这些年频繁地投资一些网红，看中的就是网红强大的内容生产能力以及内容输出能力。

对于游戏公司而言，影视与游戏互动的强大背景能够有效地推动 IP 产业化发展以及业务的增长。在这个过程中，网红的内容生产无疑将会产生强势的 IP 优质土壤，为公司有效地引流。而昆仑万维这些年，始终坚持对强 IP 影视游戏联动的产品推广模式，更是从未停止过对那些潜力巨大的 IP 资源追逐的脚步。

投资网红原创内容，并且对国内原创的动漫优质 IP 资源进行深度挖掘，让昆仑万维的发展更具特色，在众多的游戏企业中显得有些独树一帜。

如果我们用心观察就会发现，伴随着网络红人的不断涌现，围绕着网红所生发出来的商业链条以及盈利模式也渐渐变得清晰起来，这也就形成了当前最受各方追捧的网红经济。

海量的粉丝、吸引人的话题、强大的资本变现能力以及日益多样化的产业链条，让网红经济成为移动互联网时代新兴的一种经济模式。

那么，从网红经济当前发展的现状来看，网红经济究竟是代表着未来发展的方向，还是仅仅只是一个美丽的泡沫呢？

也许，我们从 papi 酱所创造的惊人战绩里能够得出一些结论。


papi 酱曾经在淘宝平台举办过两场广告招标情况沟通会，每场门票的票价 8000 元，每场 100 张。第一次沟通会放票不久，100 张门票就被广告主以及代理机构抢购一空。

在其广告招标说明，甚至还写出了这样比较苛刻的规定：竞标企业的注册资金实际缴纳金额须超过 300 万元，在参加竞标之前还需要先行冻结其银行 100 万作为信用保证金。这也创下了阿里巴巴拍卖平台新的拍卖纪录。然而，这些高门槛并没有影响企业对 papi 酱的关注与热情，一些企业还打算拿出 1000 万资金参与 papi 酱的"新媒体广告"第一拍。

网红本身所蕴含的巨大价值，显然已经被诸多的业内人士所认可。早在 papi 酱成名之前，国内就已经涌现过不少网红的典型代表。芙蓉姐姐在网络推手助推下成名，微博大咖在自媒体时代里挥斥方遒。而现在，越来越多的网红开始活跃在各个微信公众账号、短视频以及直播平台上。越来越多的网红不断涌现，与之相伴而生的产业链条也爆发出了惊人的发展潜力，"网红孵化公司""网红经纪公司""网红培训班"等顺时而生。

与此同时，一些网红推手、网红营销公司在网红背后助推，成为他们强有力的后盾，网红代言产品、网红经营店铺、网红进军娱乐界等等，这些都使得网红的收益倍增。

## ▶▶▶ 一个自媒体繁荣的时代

2016 年 1 月份，百度发布了一份《95 后生活形态调研报告》，在该报告中，重点提及了这样几个数据："95 后"的总量约为 1 亿人，与"80 后""85 后"相比，他们从一出生就与互联网相伴，可谓是移动互联网上的土著。他们喜欢泡在网上，点赞、分享、评论以及吐槽一些互联网上热点问题，他们也非常认同互联网上比较流行的呆萌、高冷、宅等流行的价值观。

这群人看重社交与娱乐，迷恋弹幕和美颜，喜欢发"表情包"，有个性，懂时尚，敢想敢做。

就是这一部分人，成为移动互联网以及网络社交平台最有黏性的一批用户。而也是这批用户，也为网红的发展提供了有利的成长环境以及社会基础。

一位资深的媒体研究者曾这样说："说通俗一点儿，网红其实就是自媒体时代，活跃在网络世界里的明星。他们的出现，改变了传统的'造星机制'，让许多人的成名门槛降低了不少。"在过去一位明星想要成长起来，不仅需要一个成熟的经纪公司帮忙打造，还需要具备音乐、表演等各方面的才艺。就连其经纪团队为了更好地对明星进行宣传推广，也需要参与一些演出、出版或者影视企业的活动。然而现在，网红的发展却完全不用受这些传统的条条框框束缚，只要足够有个性，有内容，就具备了扬名的基本条件。

与明星相比，网红不需要别人来赋予和界定权力，他们只需要创造出优质的内容，维护好用户，就能够吸引流量、创造价值。

罗辑思维创始人罗振宇从 2015 年开始就在关注国内的网红现象，在看到网红所呈现出来的一种趋势性革命的时候，他果断地开始在网红领域进行投资。

罗振宇认为："上一代市场的核心资源是'组织力'＋资本，企业的发展需要巨大的资本支撑，但在未来的市场上，资本的价值会逐步低落，'组织力'仍然非常重要，'魅力人格体'则会因为稀缺而更加重要，它可以将产业链上的其他资源聚合起来。"

何谓"魅力人格体"？说得通俗一点儿，其实就是网红自身区别于他人的独有性。就拿 2016 年的网红第一人 papi 酱来说，她之所以会火，就是因为她拥有自己鲜明的个性特征。比如说，其视频节目的选题设计就非常出众，而她的表现又非常自由率真，既接地气，又紧跟年轻人的娱乐需求。

自媒体繁荣，网红大量涌现，也开始催生全新的商业模式。网红代言广告，网红经营淘宝店，网红直播打赏等，让网红的变现渠道变得更加丰富起来。

与此同时，社会资本开始大量涌向网红领域，这也让该领域更加地风起云涌。

一位业内人士这样分析："资本之所以关注网红，是因为网红顺应了时代发展的趋势，更受年轻人的喜爱。但是投资网红也需要承担不小的风险。毕竟网红之所以会火，依赖于特殊的粉丝群体，优质、稳定的内容生产是获取海量粉丝的前提。假如网红的创作能力下降了，投资人可能就需要面临风险了。"

虽然投资网红有一定的风险性，但这并不妨碍投资公司的"铤而走险"。对于他们而言，那些拥有海量粉丝的网红基本都有强大的变现能力，网红个人会以怎么样的形态参与到变现过程中非常重要。因此，他们围绕着网红本身的内容创作，开始延伸其产业链条，其中就包括网红的内容生产、经纪服务链条、平台服务链条、衍生的全链条以及资本整合的链条。

投资那些知名度高的网红可能获得高额的回报，这也让网红成为资本市场的新宠。

然而，当网红经济掀起一股又一股投资热潮的时候，也给我们带来一种全新的思考。

在目前，不少"网红孵化公司""网红培训中心"的核心业务就是满足某些年轻人想要成为网红的心理需求，在妆容、形体、肢体动作、语言以及自我营销等方面对其进行全方位的包装。这对年轻人而言，却未必是好事。如果年轻人认为拥有一张漂亮的脸蛋，就可以轻松出名，或者拥有更多利益，这在某种程度上就会助长社会的不正之风，对青年一代的价值取向有着不良的引导作用。

而一些人为了成为网红，也突破了自己的道德底线，炫富、色情等低俗的内容在网上大量涌现，成为互联网监管难题。仅在 2016 年初，斗鱼直播平台就两度被曝涉黄。无独有偶，熊猫 TV 在同年的 3 月份也被曝光不雅的视频截图。

一方面网红经济蕴藏着巨大的发展潜力，另一方面，一些低俗的内容也在不断涌入互联网，给网红经济带来了新的考验。在这种情况下，网红经济究竟能够发展到何种程度，究竟能走多远，就成了一个需要亟待关注的问题。

从网红经济的内在发展逻辑上考虑，想要在当今社会走得更远，就需要在整个社会精神文化领域对网红进行重新定位。而在商业链条的发展方向上，也迫切需要规范的道德标准、净化手段以及相应的监管机制。唯有如此，网红经济才有可能朝着正确的方向，健康地发展，成为推动社会经济前进的全新的力量。

## ▶▶▶ 更加专业的直播平台与监管机构

就像是我们在前面所说的那样，网红经济的发展离不开社交平台，这是由视频产业的特点所决定的。不管是长视频、短视频还是直播，都无可避免掺杂着一定的社交属性。直播之所以能够变得火热，最主要的一个原因就是它能够借助优质的内容与观众达到更好的互动。花椒、斗鱼等直播平台的涌现，从某种程度上也说明了直播平台拥有着强大生命力。为此，专业人士曾断言，在未来，直播行业通过更加专业的内容，便能拥有更加强大的变现能力。

作为一个新兴的经济领域，网络直播爆发出来的强大经济潜力，吸引了越来越多的人参与其中，而网络直播也被越来越多的国人所熟知。文化部文化市场司司长刘强曾公布了这样一组数据，网络直播平台的用户数量已经达到了两个亿，在每日的高峰时间段，大型的直播平台大约会有三四千个直播"房间"同时在线，最高用户浏览量可达到二三百万

人次。

　　拥者众多让网络直播拥有了更加适合其生长的土壤，与之相对应，网络主播的收入也开始水涨船高，由此受到了不少媒体的关注与报道。

　　比如国内知名网络主播 Miss Angela 拥有粉丝十几万，她通过直播，每月的收入都可达到 5 万元，最多的时候甚至能够超过 10 万元。

　　在国内，网络主播这个行业的门槛极低，只需要在网上完成注册、绑定银行卡、上传身份证就能立即开通，并且这个行业对主播没有年龄的限制。这也就形成了这个行业百家争鸣的景象，大学生、白领、宅男宅女、游戏玩家等等，都可以轻松进入这个行业，一展身手。

近些年，网络直播平台的市场规模也在加速增长。据最新的统计数据显示，在过去的一年中，中国网络直播行业的市场规模大约为 77.7 亿元，直播平台的数量更是一度飙升至近两百家。

然而，繁荣的背后也出现了一些不和谐的乱象。在激烈的市场竞争与利益驱使下，网络直播平台渐渐出现了一些低俗、劲爆的内容。

在 2016 年的 1 月份，某网络直播平台名为"放纵不羁 123"的主播，就在名为"直播造娃娃"的房间内直播不雅行为，该直播随后的关注度迅速攀升，但是也对该平台造成了非常恶劣的影响，遭到了柜关部门的警告。

无独有偶，在同年的 3 月底，该平台女主播"狐狸笨笨笨"曾悄悄携带摄像头企图混进重庆大学艺术学院的女生寝室进行全程直播，后幸被该院女生宿舍的宿管以及保安及时阻止，才没有造成更加严重的后果。

网络直播平台出现这种乱象，其实也是在给相关的部门提醒。想要让网红经济朝着健康的方向发展，适当的监管就非常有必要。新晋知名直播平台"饭爱豆"负责人之一的 Sarah 就这样认为，网络直播最好还是靠实力说话，而不是靠着走歪门邪道、打擦边球吸引观众的关注。对于网络直播平台和网络主播来说，有些底线是不能触碰的。

伴随着网络直播发展的越来越火热，相关的监管部门对直播平台的监管力度也开始加大。2016年4月，文化部就曾查处了19家不规范的网络直播平台，对此，业内专业人士表示，国家有义务对行业进行规范，比如，什么样的人可以做主播，什么样的内容可以播，什么样的内容不可以播等等。

网络的繁荣，为自媒体的发展提供了温床。但是事物发展都有两面性，对于网络中那些不利于和谐社会发展、低俗、无底线的内容，则需要相关监管部门有效地监管。

四川省社科院研究员胡光伟就曾这样说："我们不能对直播软件本身进行价值判断，内容才是评判标准……主播人群要有底线，坚决抵制播低俗、秀隐私。"

在政府部门对网络直播平台进行监管的时候，2016年，百度、新浪、搜狐、爱奇艺、优酷、映客、乐视、酷我等20多家从事网络直播企业负责人也共同发布了《北京网络直播行业自律公约》，公开做出承诺，其平台上所有的主播都必须进行实名认证，同时，将不会允许18岁以下的未成年人成为主播。除此之外，在直播中有涉政、涉黄、涉暴、涉枪、涉毒等情节的，将会被列入主播黑名单。

直播平台积极自律，官方也开始展开了紧锣密鼓的行动。文化部文化市场司副司长刘强表示，今后文化部将会重点建立长效的管理机制。第一，将会快速出台规范网络表演管理的相关政策，对经营主体、事中事后加强监管力度，规范表演的关键环节；第二，采取警示制度与黑名单制定，违规网络平台以及违规的"主播"将会被关进"黑名单"。借助这样的信用惩戒机制约束网络直播平台以及网络主播的行为，促进行业自律。为网络文化市场的发展创造更好的文化环境，打造更好的经营秩序。

相信，在网络平台进行自我约束，以及政府部门大力监管之下，网红经济将会获得更为长足的发展。